CARRÉS CLASSIQUES

Collection COLLÈGE dirigée par
Cécile de Cazanove
Agrégée de Lettres modernes

Molière

Le Sicilien ou l'Amour peintre

Comédie
1667
Texte intégral

Édition présentée par
Christiane Cadet
Agrégée de Lettres modernes

Nathan

Sommaire

Avant la lecture

- Qui êtes-vous, Monsieur Molière ? 6
- La France au temps de Molière 8
- Qui sont les personnages ? 10

Lire Le Sicilien ou l'Amour peintre

Scènes 1 à 5 13
Pause lecture 1 : Le langage des yeux 21
Scènes 6 à 12 26
Pause lecture 2 : D'une ruse à l'autre 44
Scènes 13 à 20 49
Pause lecture 3 : Le jaloux à la fête 57

Questions sur *Le Sicilien* 62

ISBN : 978-2-09-188740-1

Après la lecture

Un genre : La comédie-ballet 66
Un thème : Maître et valet, de Molière à nos jours 68

Autre lecture

Qui est Pierre Gripari ? 72
Le Bourricot 73

Lexique

Les mots du théâtre 90

À lire et à voir 92

Dossier central images en couleurs

Avant la lecture

- Qui êtes-vous, Monsieur Molière ? 6
- La France au temps de Molière 8
- Qui sont les personnages ? 10

Qui êtes-vous, Monsieur Molière ?

Parlez-nous de votre enfance.

Je suis né à Paris en janvier 1622. Je m'appelle **Jean-Baptiste Poquelin**. Mon père possède une boutique rue Saint-Honoré et exerce la charge de tapissier du roi, c'est-à-dire qu'il est décorateur et fournisseur officiel de la Cour.

Dès l'âge de sept ou huit ans, mon grand-père me fait découvrir les joies du théâtre de rue. Je me rends avec lui sur le Pont-Neuf et je découvre les personnages de la comédie italienne : Scaramouche, le soldat fanfaron vêtu de noir qui danse au son des castagnettes, ou Arlequin, personnage facétieux à l'habit multicolore... Cette époque heureuse où s'éveille mon goût pour le théâtre est assombrie par la mort de ma mère, alors que je n'ai que dix ans.

« Je découvre les joies du théâtre de rue. »

À quel métier vous destine votre famille ?

Mon père a de grandes ambitions pour moi. Il veut que je devienne avocat, titre qui permet d'acheter une charge, c'est-à-dire une fonction à vie dans la justice ou dans l'administration. Il espère que je pourrai ainsi m'élever dans la société. Il m'inscrit d'abord à Paris dans un collège de jésuites fréquenté par des fils d'aristocrates où je réussis brillamment. Malgré mon goût persistant pour le théâtre, je me conforme à sa demande et obtiens ensuite une licence en droit.

Comment devenez-vous comédien ?

En 1642, je rencontre une famille de comédiens, **les Béjart** et je tombe amoureux de Madeleine Béjart, jeune et belle actrice rousse. Malgré la colère de mon père qui menace de me déshériter, je fonde une troupe avec elle, l'Illustre-Théâtre et je prends le pseudonyme de Molière. Nos débuts à Paris sont difficiles. J'essaie, sans succès, de jouer la tragédie et je fais même de la prison à cause de mes dettes. Nous décidons alors de tenter notre chance en province. Nous allons parcourir la France du nord au sud pendant douze années.

À quoi devez-vous votre succès ?

C'est dans le domaine de la comédie que notre troupe remporte de vifs succès. En 1655, je crée *L'Étourdi* à Lyon et en 1656 *Le Dépit amoureux* à Béziers. Ma troupe est alors protégée par Monsieur, frère du Roi, qui me présente à Louis XIV et à la Cour.

En 1659, je suis de retour à Paris où je crée *Les Précieuses ridicules*, comédie qui me vaut la célébrité mais aussi beaucoup de jalousies. En 1662, j'épouse Armande Béjart, la fille de Madeleine, bien plus jeune que moi. Le roi me fait l'honneur d'être le parrain de notre premier fils.

« *Je suis protégé par Louis XIV.* »

Quand je donne à Saint-Germain la représentation du *Sicilien ou l'Amour peintre*, le 14 février 1667, j'ai déjà écrit plusieurs pièces considérées comme des chefs-d'œuvre : *L'École des femmes* (1662), *Dom Juan* (1665), *Le Misanthrope* (1666).

Quelle est la particularité du *Sicilien* ?

Le Sicilien est une petite comédie entrecoupée de chants et de danses. Lors de la première représentation, elle donne l'occasion à Louis XIV et à ses proches de paraître dans de somptueux costumes exotiques lors des parties chantées et dansées. ■

Malgré la maladie qui l'épuise, Molière continue jusqu'à la fin de sa vie à écrire et à jouer. Il meurt le 17 février 1673, à 51 ans, en pleine représentation du Malade imaginaire. *Il a écrit, mis en scène et joué plus de trente comédies.*

La France au temps de Molière

◆ La société au XVIIe siècle

Le roi de France, au XVIIe siècle, est un monarque absolu. Il a tous les droits. Les Français sont répartis en trois classes ou ordres : **le clergé, la noblesse et le tiers état**. Les deux premiers ordres ne représentent qu'une faible minorité de la population. Le clergé compte alors environ 130 000 personnes et la noblesse 400 000 sur un total de 20 millions d'habitants ! Dans le tiers état, on retrouve la bourgeoisie administrative, les marchands, les artisans, les paysans et les domestiques. Les paysans sans terre et les artistes ambulants, comme la troupe de Molière à ses débuts, occupent le bas de l'échelle sociale.

> « *Versailles, symbole de la puissance du roi.* »

◆ Versailles, résidence royale

Au début de son règne, Louis XIV choisit de transformer Versailles, modeste pavillon de chasse de Louis XIII en l'un des plus merveilleux palais d'Europe. En 1664, les premières festivités sont données au château : ***Les Plaisirs de l'île enchantée***. En 1668, la seconde fête est marquée par la création de ***George Dandin*** de Molière et par ***Les Fêtes de l'amour et du***

- **1622** : Naissance de Molière
- **1637** : Corneille, *Le Cid*
- **1638** : Naissance de Louis XIV
- **1643** : Création de la troupe de l'Illustre-Théâtre ; Mort de Louis XIII, Régence d'Anne d'Autriche et de Mazarin
- **1646-1658** : Tournée en province
- **1648-1653** : Troubles de la Fronde, révolte de la noblesse
- **1659** : *Les Précieuses ridicules*
- **1661** : Début du règne personnel de Louis XIV
- **1662** : *L'École des femmes*

hasard du musicien Lully. Le palais s'étend progressivement et, en 1686, est achevée la fameuse galerie des glaces, symbole de la magnificence royale. À Versailles, le roi est entouré de 17 000 à 18 000 personnes. L'entretien de la Cour coûte très cher au royaume. La noblesse adore les fêtes de Versailles, mais elle se ruine au jeu et en dépenses continuelles.

◆ Le théâtre

Louis XIV contribue au développement de tous les arts. Quand Molière revient à Paris après avoir parcouru la province, il obtient, grâce à l'aide de Monsieur, frère du Roi, la possibilité de partager un théâtre, **le Petit-Bourbon**, avec les comédiens italiens. En 1660, la troupe de Molière s'installe définitivement au **Palais-Royal**, un autre théâtre. On installe aussi parfois des théâtres improvisés dans des bosquets du parc de Versailles.

Toutefois, la condition des comédiens n'est jamais sûre au XVIIe siècle. L'Église condamne le théâtre : les acteurs ne sont enterrés dans un cimetière que s'ils ont renié leur vie de comédien devant un prêtre. À la mort de Molière, son épouse Armande doit intervenir auprès de Louis XIV afin que l'Église autorise l'enterrement. Ce dernier sera discret, organisé à neuf heures du soir dans le coin reculé d'un cimetière. ■

> ***« Louis XIV contribue au développement des arts. »***

Année	Molière	Autres œuvres
1664	*Le Tartuffe*	
1665	*Dom Juan*	
1666	*Le Misanthrope*	
1667		Racine, *Andromaque*
1668	*L'Avare*	La Fontaine, *Fables* (six premiers livres)
1670	*Le Bourgeois gentilhomme*	
1671	*Les Fourberies de Scapin*	
1673	*Le Malade imaginaire* Mort de Molière	

Qui sont les personnages ?

Dom Pèdre

Ce Sicilien jaloux surveille étroitement Isidore, l'esclave qu'il a affranchie. Une bien lourde tâche...

➨ *Parviendra-t-il à retenir Isidore chez lui ?*

Adraste

Ce jeune gentilhomme français aime Isidore, mais les deux jeunes gens n'ont échangé que des regards.

➨ *Peut-il faire confiance au langage des yeux ?*

Hali

Valet plein de ressources, il aime les fourberies.

➨ *Quelle ruse va-t-il inventer pour aider Adraste, son maître, à conquérir Isidore ?*

Isidore

Cette belle esclave grecque a été affranchie par son maître, Dom Pèdre.

➨ *Pourtant, est-elle vraiment libre ?*

Lire

Molière

Le Sicilien
ou l'Amour peintre

comédie

1667

texte intégral

Comédie représentée pour la première fois à Saint-Germain-en-Laye par ordre de sa Majesté, au mois de février 1667, et donnée depuis au public sur le théâtre du Palais-Royal le 10e du mois de juin de la même année 1667, par la Troupe du Roi.

Les personnages

ADRASTE, gentilhomme français, amant d'Isidore[1].

DOM PÈDRE, Sicilien, amant d'Isidore.

ISIDORE, Grecque, esclave de Dom Pèdre.

CLIMÈNE, sœur d'Adraste.

HALI, valet d'Adraste.

LE SÉNATEUR.

LES MUSICIENS.

TROUPE D'ESCLAVES.

TROUPE DE MAURES[2].

DEUX LAQUAIS.

1. Qui aime Isidore.
2. Habitants du nord de l'Afrique.

Scène 1

HALI, MUSICIENS

HALI, *aux musiciens.* – Chut… N'avancez pas davantage, et demeurez[1] dans cet endroit, jusqu'à ce que je vous appelle. Il fait noir comme dans un four : le ciel s'est habillé ce soir en Scaramouche et je ne vois pas une étoile qui montre le bout de son nez. Sotte condition que celle d'un esclave ! de ne vivre jamais pour soi, et d'être toujours tout entier aux passions d'un maître[2] ! de n'être réglé que par ses humeurs, et de se voir réduit à faire ses propres affaires de[3] tous les soucis qu'il peut prendre ! Le mien[4] me fait ici épouser[5] ses inquiétudes ; et parce qu'il est amoureux, il faut que, nuit et jour, je n'aie aucun repos. Mais voici des flambeaux, et sans doute c'est lui.

Scaramouche

Personnage du théâtre de la *commedia dell'arte* (comédie italienne), son nom (qui vient du mot *escarmouche*) signifie « petit batailleur ». Il est souvent représenté vêtu de noir (voir Dossier images, p. I).

Scène 2

ADRASTE *et* DEUX LAQUAIS, HALI

ADRASTE. – Est-ce toi, Hali ?

HALI. – Et qui pourrait-ce être que moi ? À ces heures de nuit, hors vous et moi, Monsieur, je ne crois pas que personne s'avise[6] de courir maintenant les rues.

ADRASTE. – Aussi ne crois-je pas qu'on puisse voir personne qui sente dans son cœur la peine que je sens. Car,

1. Restez.
2. De dépendre entièrement des passions d'un maître.
3. À participer à.
4. Mon maître.
5. Partager.
6. N'a l'idée.

enfin, ce n'est rien d'avoir à combattre l'indifférence ou les rigueurs d'une beauté qu'on aime : on a toujours au moins le plaisir de la plainte et la liberté des soupirs ; mais ne pouvoir trouver aucune occasion de parler à ce qu'on adore, ne pouvoir savoir d'une belle si l'amour qu'inspirent ses yeux est pour lui plaire ou lui déplaire, c'est la plus fâcheuse[1], à mon gré[2], de toutes les inquiétudes ; et c'est où me réduit[3] l'incommode[4] jaloux qui veille, avec tant de souci, sur ma charmante Grecque et ne fait pas un pas sans la traîner à ses côtés.

HALI. – Mais il est en amour plusieurs façons de se parler ; et il me semble, à moi, que vos yeux et les siens, depuis près de deux mois, se sont dit bien des choses.

ADRASTE. – Il est vrai qu'elle et moi souvent nous nous sommes parlé des yeux ; mais comment reconnaître que, chacun de notre côté, nous ayons comme il faut expliqué ce langage ? Et que sais-je, après tout, si elle entend[5] bien tout ce que mes regards lui disent ? et si les siens me disent ce que je crois parfois entendre ?

HALI. – Il faut chercher quelque moyen de se parler d'autre manière.

ADRASTE. – As-tu là tes musiciens ?

HALI. – Oui.

ADRASTE. – Fais-les approcher. Je veux, jusques au jour, les faire ici chanter, et voir si leur musique n'obligera point cette belle à paraître à quelque fenêtre.

HALI. – Les voici. Que chanteront-ils ?

1. Désagréable.
2. Selon moi.
3. Ce à quoi me force.
4. Le désagréable.
5. Comprend.

ADRASTE. – Ce qu'ils jugeront de meilleur.

HALI. – Il faut qu'ils chantent un trio qu'ils me chantèrent l'autre jour.

ADRASTE. – Non, ce n'est pas ce qu'il me faut.

HALI. – Ah ! Monsieur, c'est du beau bécarre.

ADRASTE. – Que diantre[6] veux-tu dire avec ton beau bécarre ?

HALI. – Monsieur, je tiens pour le bécarre : vous savez que je m'y connais. Le bécarre me charme : hors du bécarre, point de salut en harmonie. Écoutez un peu ce trio.

ADRASTE. – Non : je veux quelque chose de tendre et de passionné, quelque chose qui m'entretienne dans une douce rêverie.

HALI. – Je vois bien que vous êtes pour le bémol ; mais il y a moyen de nous contenter l'un l'autre. Il faut qu'ils vous chantent une certaine scène d'une petite comédie que je leur ai vu essayer. Ce sont deux bergers amoureux, tous remplis de langueur[7], qui, sur le bémol, viennent séparément faire leurs plaintes dans un bois, puis se découvrent l'un à l'autre la cruauté de leurs maîtresses ; et là-dessus vient un berger joyeux, avec un bécarre admirable, qui se moque de leur faiblesse.

ADRASTE. – J'y consens. Voyons ce que c'est.

HALI. – Voici, tout juste, un lieu propre à[8] servir de scène ; et voilà deux flambeaux pour éclairer la comédie.

Bémol et bécarre

En musique, le *bémol* baisse la hauteur de la note d'un demi-ton. Le *bécarre* est un signe de musique qui, placé devant un bémol ou un dièse, lui rend sa hauteur normale ou « naturelle ».

6. Que diable ! *(juron)*
7. Mélancolie.
8. Capable de.

Adraste. – Place-toi contre ce logis, afin qu'au moindre bruit que l'on fera dedans, je fasse cacher les lumières.

Scène 3

Chantée par trois musiciens

Premier musicien

Si du triste récit de mon inquiétude
Je trouble le repos de votre solitude,
Rochers, ne soyez point fâchés.
Quand vous saurez l'excès[1] *de mes peines secrètes,*
Tout rochers que vous êtes,
Vous en serez touchés.

Second musicien

Les oiseaux réjouis, dès que le jour s'avance,
Recommencent leurs chants dans ces vastes forêts;
Et moi j'y recommence
Mes soupirs languissants[2] *et mes tristes regrets.*
Ah! mon cher Filène.

Premier musicien

Ah! mon cher Tirsis.

Second musicien

Que je sens de peine!

La pastorale

Au XVIIe siècle, de nombreuses chansons et danses racontaient des histoires d'amour entre bergers et bergères. Les plaintes amoureuses étaient évoquées dans un langage précieux, avec beaucoup de comparaisons et de métaphores. Les noms donnés aux personnages sont d'origine grecque. La réalité de la vie campagnarde est très loin!

1. La dureté trop grande.
2. Mélancoliques.

PREMIER MUSICIEN

Que j'ai de soucis !

SECOND MUSICIEN

Toujours sourde à mes vœux[3] *est l'ingrate Climène.*

PREMIER MUSICIEN

Cloris n'a point pour moi de regards adoucis.

TOUS DEUX

Ô loi trop inhumaine !
Amour, si tu ne peux les contraindre d'aimer,
Pourquoi leur laisses-tu le pouvoir de charmer ?

TROISIÈME MUSICIEN

Pauvres amants, quelle erreur
D'adorer des inhumaines[4] *!*
Jamais les âmes bien saines
Ne se payent de rigueur[5] *;*
Et les faveurs sont les chaînes
Qui doivent lier un cœur.

On voit cent belles ici
Auprès de qui je m'empresse[6] *:*
À leur vouer[7] *ma tendresse*
Je mets mon plus doux souci ;
Mais, lors que l'on est tigresse,
Ma foi ! je suis tigre aussi.

3. Souhaits.
4. Jeunes filles sans cœur.
5. N'acceptent l'indifférence, la dureté.
6. Soupire d'amour.
7. Donner entièrement.

Premier et second musiciens

Heureux, hélas ! qui peut aimer ainsi !

Hali. – Monsieur, je viens d'ouïr[1] quelque bruit au-dedans.

Adraste. – Qu'on se retire vite, et qu'on éteigne les flambeaux.

Scène 4

Dom Pèdre, Adraste, Hali

Dom Pèdre, *sortant en bonnet de nuit et robe de chambre, avec une épée sous son bras.* – Il y a quelque temps que j'entends chanter à ma porte ; et, sans doute, cela ne se fait pas pour rien. Il faut que, dans l'obscurité, je tâche à découvrir quelles gens ce peuvent être[2].

Adraste. – Hali !

Hali. – Quoi ?

Adraste. – N'entends-tu plus rien ?

Hali. – Non.

Dom Pèdre est derrière eux, qui les écoute.

Adraste. – Quoi ? tous nos efforts ne pourront obtenir que je parle un moment à cette aimable Grecque ? et ce jaloux maudit, ce traître de Sicilien, me fermera toujours tout accès auprès d'elle ?

1. Entendre.
2. J'essaie de découvrir de qui il s'agit.

HALI. – Je voudrais, de bon cœur, que le diable l'eût emporté, pour la fatigue qu'il nous donne, le fâcheux[3], le bourreau qu'il est. Ah ! si nous le tenions ici, que je prendrais de joie à venger sur son dos tous les pas inutiles que sa jalousie nous fait faire !

ADRASTE. – Si faut-il bien pourtant[4] trouver quelque moyen, quelque invention, quelque ruse, pour attraper notre brutal : j'y suis trop engagé pour en avoir le démenti[5] ; et quand j'y devrais employer…

HALI. – Monsieur, je ne sais pas ce que cela veut dire, mais la porte est ouverte ; et si vous le voulez, j'entrerai doucement pour découvrir d'où cela vient.

Dom Pèdre se retire sur sa porte.

ADRASTE. – Oui, fais ; mais sans faire de bruit ; je ne m'éloigne pas de toi. Plût au Ciel que ce fût la charmante Isidore !

DOM PÈDRE, *lui donnant sur la joue[6].* – Qui va là ?

HALI, *lui faisant de même.* – Ami.

DOM PÈDRE. – Holà ! Francisque, Dominique, Simon, Martin, Pierre, Thomas, Georges, Charles, Barthélemy : allons, promptement[7], mon épée, ma rondache[8], ma hallebarde[9], mes pistolets, mes mousquetons[10], mes fusils ; vite, dépêchez, allons, tue, point de quartier[11].

3. Personne qui dérange et dont la présence est désagréable.
4. Il faut pourtant bien.
5. Pour accepter le contraire.
6. Le giflant.
7. Vite.
8. Bouclier circulaire.
9. Sorte de hache.
10. Sortes de fusils.
11. Qu'on n'épargne personne.

Scène 5

ADRASTE, HALI

ADRASTE. – Je n'entends remuer personne. Hali ? Hali ?

HALI, *caché dans un coin.* – Monsieur.

ADRASTE. – Où donc te caches-tu ?

HALI. – Ces gens sont-ils sortis ?

ADRASTE. – Non : personne ne bouge.

HALI, *en sortant d'où il était caché.* – S'ils viennent, ils seront frottés[1].

ADRASTE. – Quoi ? tous nos soins seront donc inutiles ? Et toujours ce fâcheux jaloux se moquera de nos desseins[2].

HALI. – Non : le courroux[3] du point d'honneur me prend ; il ne sera pas dit qu'on triomphe de mon adresse ; ma qualité de fourbe[4] s'indigne de tous ces obstacles, et je prétends faire éclater les talents que j'ai eus du Ciel.

ADRASTE. – Je voudrais seulement que, par quelque moyen, par un billet[5], par quelque bouche, elle fût avertie des sentiments qu'on a pour elle, et savoir les siens là-dessus. Après, on peut trouver facilement les moyens…

HALI. – Laissez-moi faire seulement : j'en essayerai tant de toutes les manières, que quelque chose enfin nous pourra réussir. Allons, le jour paraît ; je vais chercher mes gens, et venir attendre, en ce lieu, que notre jaloux sorte.

1. Frappés.
2. Projets.
3. La colère.
4. Personne rusée.
5. Une courte lettre.

Pause lecture 1

Scènes 1 à 5

Le langage des yeux

L'exposition et le début de l'intrigue scènes 1 à 3

Avez-vous bien lu ?

Pourquoi Hali est-il dehors en pleine nuit ?

- ❑ Un danger le menace.
- ❑ Son maître est amoureux.
- ❑ Il est lui-même amoureux.

Le projet d'Adraste

1 De qui Adraste est-il amoureux ? De quoi est-il inquiet ? Que souhaite-t-il ?

2 Qui gêne Adraste et représente un obstacle à ses projets ?

3 Dans quel but Adraste a-t-il demandé à Hali de faire venir des musiciens ?

Une chanson d'amour

4 Relevez, dans le chant des deux premiers musiciens, les mots qui appartiennent au lexique de la tristesse. De quoi se plaignent-ils ?

5 Selon le troisième musicien, quelle erreur ne faut-il pas commettre en amour ? Citez deux vers qui s'opposent comiquement aux lamentations du début.

Une situation inattendue scène 4

Avez-vous bien lu ?

Pourquoi Dom Pèdre appelle-t-il tant de gens à son secours ?

❑ Il résiste à une attaque importante.
❑ Il a de nombreux domestiques.
❑ Il veut faire peur, car il est tout seul.

La méprise

1 Quel portrait Adraste a-t-il fait de Dom Pèdre dans la scène 2 ? Pourquoi les vêtements du Sicilien font-ils rire ?

2 Des lignes 11 à 23 (p. 18-19), de qui Hali et Adraste parlent-ils ? Relevez la didascalie qui permet de savoir où est placé Dom Pèdre par rapport à eux. Pourquoi la situation fait-elle rire le spectateur ?

3 Relevez les expressions employées par Adraste et Hali pour parler de Dom Pèdre. Lesquelles vont le mettre dans une colère grandissante ?

Les gestes et les mots

4 Où se trouve respectivement chacun des personnages au moment de l'échange des soufflets ? Relevez une opposition comique entre un geste et un mot.

5 Quel effet l'accumulation de termes désignant toutes sortes d'armes provoque-t-elle ? Pourquoi ? De quel type de comique s'agit-il ?

Hali, un valet de comédie scènes 1 à 5

Avez-vous bien lu ?

Hali sort de sa cachette...

❑ pour aller se battre ?
❑ quand il est sûr d'être en sécurité ?
❑ pour porter secours à son maître ?

Maître et valet

1 Par quel adjectif Hali qualifie-t-il sa condition dans la scène 1 ? Faites la liste de ses plaintes.

2 Par quel pronom et quel nom Adraste s'adresse-t-il à Hali ? et Hali à Adraste ? Que reflètent ces différences ?

3 Dans la scène 2, à quel sujet le maître et son valet s'opposent-ils ? Qui finit par l'emporter ?

Les ruses d'Hali

4 Dans les scènes 2 et 4, qui prend les décisions pour agir ? Au moment du danger, qui est le plus courageux ? Quel type de comique apparaît alors ?

5 Relisez la réplique d'Hali (p. 20, l. 10 à 13). Quel sentiment le pousse à ne pas s'avouer vaincu ? Comment va-t-il intervenir selon vous ?

Vers l'expression

Vocabulaire

1. **Classez les phrases suivantes selon le niveau de langue utilisé (familier, courant, soutenu).**

a. « Il fait noir comme dans un four. » (acte I, scène 1, l. 3) – **b.** « Le ciel s'est habillé ce soir en Scaramouche » (acte I, scène 1, l. 3) – **c.** Cette rue est obscure. – **d.** On n'y voit goutte. – **e.** Les ténèbres enveloppent la ville.

2. **Observez les deux phrases suivantes.**

a. Le ciel est obscur. – **b.** Ce discours est obscur.

Dans quelle phrase l'adjectif qualificatif *obscur* est-il employé au sens figuré ? Que signifie-t-il alors ?

3. **Voici la liste alphabétique des mots utilisés par Hali pour désigner le Sicilien : *bourreau*, *brutal*, *fâcheux*, *jaloux*, *traître*.**

a. Citez un verbe de la famille de *fâcheux*.

b. Reclassez cette liste pour effectuer une progression du moins grave au plus grave.

À vous de jouer

Représentez la scène 4

Dessinez un rectangle représentant l'espace scénique. Indiquez l'emplacement de la maison de Dom Pèdre et placez les différents personnages (représentés par des croix et l'initiale de leurs noms). Marquez par des flèches leurs déplacements.

Du texte à l'image

Comparez les deux documents → voir dossier images p. I et II

Farceurs français et italiens,
peinture attribuée à Vério, 1670.

Arlequin et Colombine,
peinture anonyme, XVIIIe siècle

1 Qu'est-ce qui, dans le document I, évoque une scène de théâtre ?

2 Retrouvez, dans ce tableau, trois personnages typiques de la *commedia dell'arte* : Brighella, valet masqué et habile, Polichinelle, bossu, rusé et séducteur, Pantalon, vieillard avare et libertin, habillé de rouge et de noir.

3 Où se trouve le personnage d'Arlequin dans le document I ? et dans le document II ? À quoi le reconnaît-on ?

4 Quel est le document où sa ruse apparaît le plus ? Justifiez votre réponse.

5 Dans le document II, qui est, selon vous, le personnage du second plan ?

6 Dans ce document II, qu'est-ce qui suggère la danse et la comédie-ballet ?

Scène 6

DOM PÈDRE, ISIDORE

ISIDORE. – Je ne sais pas quel plaisir vous prenez à me réveiller si matin[1] ; cela s'ajuste assez mal, ce me semble, au dessein[2] que vous avez pris de me faire peindre aujourd'hui ; et ce n'est guère[3] pour avoir le teint frais et les yeux brillants que se lever ainsi dès la pointe du jour[4].

DOM PÈDRE. – J'ai une affaire qui m'oblige à sortir à l'heure qu'il est.

ISIDORE. – Mais l'affaire que vous avez eût bien pu[5] se passer, je crois, de ma présence ; et vous pouviez, sans vous incommoder[6], me laisser goûter les douceurs du sommeil du matin.

DOM PÈDRE. – Oui ; mais je suis bien aise[7] de vous voir toujours avec moi. Il n'est pas mal de s'assurer un peu contre les soins des surveillants ; et cette nuit encore, on est venu chanter sous nos fenêtres.

ISIDORE. – Il est vrai ; la musique en était admirable.

DOM PÈDRE. – C'était pour vous que cela se faisait ?

ISIDORE. – Je le veux croire ainsi, puisque vous me le dites.

DOM PÈDRE. – Vous savez qui était celui qui donnait cette sérénade ?

ISIDORE. – Non pas ; mais, qui que ce puisse être, je lui suis obligée[8].

La sérénade

La sérénade est un concert donné le soir ou la nuit, en plein air, sous les fenêtres de quelqu'un. Elle est originaire de l'Espagne et de l'Italie. Les jeunes gens font jouer des sérénades sous les fenêtres de leur belle afin d'exprimer leur amour.

1. Si tôt.
2. Avec le projet.
3. C'est mauvais.
4. Dès le lever du jour.
5. Aurait bien pu.
6. Gêner.
7. Je suis très content.
8. Je lui en suis reconnaissante.

Dom Pèdre. – Obligée !

Isidore. – Sans doute, puisqu'il cherche à me divertir.

Dom Pèdre. – Vous trouvez donc bon qu'on vous aime ?

Isidore. – Fort bon. Cela n'est jamais qu'obligeant[9].

Dom Pèdre. – Et vous voulez du bien à tous ceux qui prennent ce soin ?

Isidore. – Assurément.

Dom Pèdre. – C'est dire fort net[10] ses pensées.

Isidore. – À quoi bon de dissimuler ? Quelque mine qu'on fasse, on est toujours bien aise d'être aimée : ces hommages à nos appas[11] ne sont jamais pour nous déplaire. Quoi qu'on en puisse dire, la grande ambition des femmes est, croyez-moi, d'inspirer de l'amour. Tous les soins qu'elles prennent ne sont que pour cela ; et l'on n'en voit point de si fière qui ne s'applaudisse en son cœur des conquêtes que font ses yeux.

Dom Pèdre. – Mais si vous prenez, vous, du plaisir à vous voir aimée, savez-vous bien, moi qui vous aime, que je n'y en prends nullement ?

Isidore. – Je ne sais pas pourquoi cela ; et si j'aimais quelqu'un, je n'aurais point de plus grand plaisir que de le voir aimé de tout le monde. Y a-t-il rien qui marque davantage la beauté du choix que l'on fait ? et n'est-ce pas pour s'applaudir[12], que ce que nous aimons soit trouvé fort aimable ?

9. Cela fait toujours plaisir.
10. Clairement.
11. Charmes.
12. N'est-on pas flatté.

DOM PÈDRE. – Chacun aime à sa guise, et ce n'est pas là ma méthode. Je serai fort ravi qu'on ne vous trouve point si belle, et vous m'obligerez de n'affecter point tant de la paraître à d'autres yeux[1].

ISIDORE. – Quoi ? jaloux de ces choses-là ?

DOM PÈDRE. – Oui, jaloux de ces choses-là, mais jaloux comme un tigre, et, si vous voulez, comme un diable. Mon amour vous veut toute à moi ; sa délicatesse s'offense d'un souris[2], d'un regard qu'on vous peut arracher ; et tous les soins qu'on me voit prendre ne sont que pour fermer tout accès aux galants[3], et m'assurer la possession d'un cœur dont je ne puis souffrir qu'on me vole la moindre chose.

ISIDORE. – Certes, voulez-vous que je dise ? vous prenez un mauvais parti[4] ; et la possession d'un cœur est fort mal assurée, lorsqu'on prétend le retenir par force. Pour moi, je vous l'avoue, si j'étais galant d'une femme qui fût au pouvoir de quelqu'un, je mettrais toute mon étude[5] à rendre ce quelqu'un jaloux, et l'obliger à veiller nuit et jour celle que je voudrais gagner. C'est un admirable moyen d'avancer ses affaires, et l'on ne tarde guère à profiter du chagrin et de la colère que donnent à l'esprit d'une femme la contrainte et la servitude.

DOM PÈDRE. – Si bien donc que, si quelqu'un vous en contait[6], il vous trouverait disposée à recevoir ses vœux ?

ISIDORE. – Je ne vous dis rien là-dessus. Mais les femmes enfin n'aiment pas qu'on les gêne ; et c'est beaucoup risquer que de leur montrer des soupçons, et de les tenir renfermées.

1. Vous me ferez plaisir en ne cherchant pas à paraître belle à d'autres yeux.
2. Sourire.
3. Séducteurs.
4. Vous faites un mauvais choix.
5. Attention.
6. Essayait de vous séduire.

Dom Pèdre. – Vous reconnaissez peu ce que vous me devez ; et il me semble qu'une esclave que l'on a affranchie[7], et dont on veut faire sa femme…

Isidore. – Quelle obligation vous ai-je[8], si vous changez mon esclavage en un autre beaucoup plus rude ? si vous ne me laissez jouir d'aucune liberté, et me fatiguez, comme on voit, d'une garde continuelle ?

Dom Pèdre. – Mais tout cela ne part que d'un excès d'amour.

Isidore. – Si c'est votre façon d'aimer, je vous prie de me haïr.

Dom Pèdre. – Vous êtes aujourd'hui dans une humeur désobligeante[9] ; et je pardonne ces paroles au chagrin où vous pouvez être de vous être levée matin.

Scène 7

Dom Pèdre, Hali, Isidore

Hali faisant plusieurs révérences à Dom Pèdre.

Dom Pèdre. – Trêve aux cérémonies. Que voulez-vous ?

Hali *(Il se retourne devers[10] Isidore, à chaque parole qu'il dit à Dom Pèdre, et lui fait des signes pour lui faire connaître le*

Le barbon

Le barbon (du mot *barbe*) désigne un personnage comique de vieillard qui cherche à épouser une jeune fille malgré elle. Ce type de personnage est issu de la *commedia dell'arte*. Dom Pèdre en a toutes les caractéristiques.

7. Libérée de sa condition d'esclave.
8. Comment puis-je être reconnaissante.
9. Désagréable.
10. Vers.

dessein de son maître.) – Signor[1] *(avec la permission de la Signore)*, je vous dirai *(avec la permission de la Signore)* que je viens vous trouver *(avec la permission de la Signore)*, pour vous prier *(avec la permission de la Signore)* de vouloir bien *(avec la permission de la Signore)*…

Dom Pèdre. – Avec la permission de la Signore, passez un peu de ce côté.

Hali. – Signor, je suis un virtuose[2].

Dom Pèdre. – Je n'ai rien à donner.

Hali. – Ce n'est pas ce que je demande. Mais comme je me mêle un peu de musique et de danse, j'ai instruit quelques esclaves qui voudraient bien trouver un maître qui se plût à[3] ces choses ; et comme je sais que vous êtes une personne considérable, je voudrais vous prier de les voir et de les entendre, pour les acheter, s'ils vous plaisent, ou pour leur enseigner[4] quelqu'un de vos amis qui voulût s'en accommoder[5].

Isidore. – C'est une chose à voir, et cela nous divertira. Faites-les-nous venir.

Hali. – *Chala bala…* Voici une chanson nouvelle, qui est du temps. Écoutez bien. *Chala bala.*

1. Monsieur.
2. Personne extrêmement douée.
3. Apprécie.
4. Indiquer.
5. Les avoir.

Scène 8

HALI et QUATRE ESCLAVES, ISIDORE, DOM PÈDRE

*Hali chante dans cette scène
et les esclaves dansent dans les intervalles de son chant.*

HALI *chante.*
D'un cœur ardent, en tous lieux
Un amant suit une belle ;
Mais d'un jaloux odieux
La vigilance[6] éternelle
Fait qu'il ne peut que des yeux
S'entretenir avec elle :
Est-il peine plus cruelle
Pour un cœur bien amoureux ?

Chiribirida ouch alla !
Star bon Turca,
Non aver danara.
Ti voler comprara ?
Mi servi a ti,
Se pagar per mi ;
Far bona cucina,
Mi levar matina,
Far boller caldara.
Parlara, parlara :
Ti voler comprara ?

C'est un supplice, à tous coups,
Sous qui cet amant expire[7] ;

Une langue imaginaire ?

Hali imite ici la langue italienne qu'il déforme, en la mélangeant avec des termes français, espagnols et turcs. La traduction donne à peu près : *Je suis un bon Turc. Je n'ai pas d'argent. Est-ce que tu veux m'acheter ? Je te servirai si tu me paies. Je fais de la bonne cuisine...* Dom Pèdre utilise le même procédé : *Je ne vais pas t'acheter mais te donner des coups de bâton si tu ne t'en vas pas ! Va-t'en ou attention aux coups de bâton* (l. 46 à 52).

6. Surveillance.
7. Meurt.

Mais si d'un œil un peu doux
La belle voit son martyre,
Et consent qu'aux yeux de tous
Pour ses attraits, il soupire,
Il pourrait bientôt se rire[1]
De tous les soins du jaloux.

Chiribirida ouch alla!
Star bon Turca,
Non aver danara.
Ti voler comprara?
Mi servir a ti,
Se pagar per mi;
Far bona cucina,
Mi levar matina,
Far boller caldara.
Parlara, parlara :
Ti voler comprara?

Dom Pèdre

Savez-vous, mes drôles,
Que cette chanson
Sent pour vos épaules
Les coups de bâton?

Chiribirida ouch alla!
Mi ti non comprara,
Ma ti bastonara,
Si ti non andara.
Andara, andara,
O ti bastonara.

1. Se moquer.

Oh ! oh ! quels égrillards[2] ! Allons, rentrons ici : j'ai changé de pensée ; et puis le temps se couvre un peu. *(À Hali, qui paraît encore là.)* Ah ! fourbe[3], que je vous y trouve !

Hali. – Hé bien ! oui, mon maître l'adore ; il n'a point de plus grand désir que de lui montrer son amour ; et si elle y consent, il la prendra pour femme.

Dom Pèdre. – Oui, oui, je la lui garde.

Hali. – Nous l'aurons malgré vous.

Dom Pèdre. – Comment ? coquin…

Hali. – Nous l'aurons, dis-je, en dépit de vos dents[4].

Dom Pèdre. – Si je prends…

Hali. – Vous avez beau faire la garde : j'en ai juré, elle sera à nous.

Dom Pèdre. – Laisse-moi faire, je t'attraperai sans courir.

Hali. – C'est nous qui vous attraperons : elle sera notre femme, la chose est résolue. Il faut que j'y périsse, ou que j'en vienne à bout.

2. Garnements.
3. Traître.
4. Malgré vous.

Scène 9

ADRASTE, HALI

HALI. – Monsieur, j'ai déjà fait quelque petite tentative; mais je...

ADRASTE. – Ne te mets point en peine; j'ai trouvé par hasard tout ce que je voulais, et je vais jouir du bonheur de voir chez elle cette belle. Je me suis rencontré chez le peintre Damon[1], qui m'a dit qu'aujourd'hui il venait faire le portrait de cette adorable personne; et comme il est depuis longtemps de mes plus intimes amis, il a voulu servir mes feux[2], et m'envoie à sa place, avec un petit mot de lettre pour me faire accepter. Tu sais que de tout temps je me suis plu à la peinture, et que parfois je manie le pinceau, contre la coutume de France, qui ne veut pas qu'un gentilhomme sache rien faire : ainsi j'aurai la liberté de voir cette belle à mon aise. Mais je ne doute pas que mon jaloux fâcheux ne soit toujours présent, et n'empêche tous les propos que nous pourrions avoir ensemble; et pour te dire vrai, j'ai, par le moyen d'une jeune esclave, un stratagème[3] pour tirer cette belle Grecque des mains de son jaloux, si je puis obtenir d'elle qu'elle y consente[4].

HALI. – Laissez-moi faire, je veux vous faire un peu de jour à la pouvoir entretenir[5]. Il ne sera pas dit que je ne serve de rien dans cette affaire-là. Quand allez-vous?

ADRASTE. – Tout de ce pas[6], et j'ai déjà préparé toutes choses.

La noblesse au XVIIe siècle

Sous l'Ancien Régime, les gentilshommes, qui appartiennent à la noblesse, ne peuvent pas travailler sous peine de déroger, c'est-à-dire de perdre leur rang. Seuls quelques métiers leur sont accessibles, comme la verrerie par exemple. Les nobles vivent du revenu de leurs terres ou des pensions que le roi leur accorde.

1. J'ai rencontré le peintre Damon.
2. Mon amour.
3. Une ruse.
4. Qu'elle soit d'accord.
5. Je veux vous aider à lui parler.
6. Tout de suite.

HALI. – Je vais, de mon côté, me préparer aussi.

ADRASTE. – Je ne veux point perdre de temps. Holà ! Il me tarde que je ne goûte le plaisir de la voir.

Scène 10

DOM PÈDRE, ADRASTE

DOM PÈDRE. – Que cherchez-vous, cavalier, dans cette maison ?

ADRASTE. – J'y cherche le seigneur Dom Pèdre.

DOM PÈDRE. – Vous l'avez devant vous.

ADRASTE. – Il prendra, s'il lui plaît, la peine de lire cette lettre.

DOM PÈDRE *lit.* – *Je vous envoie, au lieu de moi, pour le portrait que vous savez, ce gentilhomme français, qui, comme curieux d'obliger les honnêtes gens*[7]*, a bien voulu prendre ce soin, sur la proposition que je lui en ai faite. Il est, sans contredit*[8]*, le premier homme du monde pour ces sortes d'ouvrages, et j'ai cru que je ne pouvais rendre un service plus agréable que de vous l'envoyer, dans le dessein que vous avez d'avoir un portrait achevé de la personne que vous aimez. Gardez-vous*

7. Soucieux de rendre service aux honnêtes gens.
8. Sans aucun doute.

bien surtout de lui parler d'aucune récompense; car c'est un homme qui s'en offenserait, et qui ne fait les choses que pour la gloire et pour la réputation.

DOM PÈDRE, *parlant au Français*[1]. – Seigneur français, c'est une grande grâce que vous me voulez faire; et je vous suis fort obligé.

ADRASTE. – Toute mon ambition est de rendre service aux gens de nom et de mérite.

DOM PÈDRE. – Je vais faire venir la personne dont il s'agit.

Scène 11

ISIDORE, DOM PÈDRE, ADRASTE *et* DEUX LAQUAIS

DOM PÈDRE. – Voici un gentilhomme que Damon nous envoie, qui se veut bien donner la peine de vous peindre. *(Adraste baise*[2] *Isidore en la saluant, et Dom Pèdre lui dit :)* Holà ! Seigneur français, cette façon de saluer n'est point d'usage en ce pays.

ADRASTE. – C'est la manière de France.

DOM PÈDRE. – La manière de France est bonne pour vos femmes; mais, pour les nôtres, elle est un peu trop familière.

1. À Adraste.
2. Donne un baiser à.

Isidore. – Je reçois cet honneur avec beaucoup de joie. L'aventure me surprend fort et, pour dire le vrai, je ne m'attendais pas d'avoir[3] un peintre si illustre.

Adraste. – Il n'y a personne sans doute qui ne tînt à beaucoup de gloire[4] de toucher à un tel ouvrage. Je n'ai pas grande habileté ; mais le sujet, ici, ne fournit que trop de lui-même, et il y a moyen de faire quelque chose de beau sur un original fait comme celui-là.

Isidore. – L'original est peu de chose : mais l'adresse du peintre en saura couvrir[5] les défauts.

Adraste. – Le peintre n'y en voit aucun ; et tout ce qu'il souhaite est d'en pouvoir représenter les grâces, aux yeux de tout le monde, aussi grandes qu'il les peut voir.

Isidore. – Si votre pinceau flatte autant que votre langue, vous allez me faire un portrait qui ne me ressemblera pas.

Adraste. – Le Ciel, qui fit l'original, nous ôte le moyen d'en faire un portrait qui puisse flatter.

Isidore. – Le Ciel, quoi que vous en disiez, ne…

Dom Pèdre. – Finissons cela, de grâce, laissons les compliments, et songeons au portrait.

Adraste. – Allons, apportez tout.

On apporte tout ce qu'il faut pour peindre Isidore.

Isidore. – Où voulez-vous que je me place ?

3. À recevoir.
4. Qui ne soit honoré.
5. Masquer.

Adraste. – Ici. Voici le lieu le plus avantageux, et qui reçoit le mieux les vues favorables de la lumière que nous cherchons.

Isidore. – Suis-je bien ainsi ?

Adraste. – Oui. Levez-vous un peu, s'il vous plaît. Un peu plus de ce côté-là ; le corps tourné ainsi ; la tête un peu levée, afin que la beauté du cou paraisse. Ceci un peu plus découvert. *(Il parle de sa gorge[1].)* Bon. Là, un peu davantage. Encore tant soit peu.

Dom Pèdre. – Il y a bien de la peine à vous mettre[2] ; ne sauriez-vous vous tenir comme il faut ?

Isidore. – Ce sont ici des choses toutes neuves pour moi ; et c'est à Monsieur à me mettre de la façon qu'il veut.

Adraste. – Voilà qui va le mieux du monde, et vous vous tenez à merveille. *(La faisant tourner un peu devers lui.)* Comme cela, s'il vous plaît. Le tout dépend des attitudes qu'on donne aux personnes qu'on peint.

Dom Pèdre. – Fort bien.

Adraste. – Un peu plus de ce côté ; vos yeux toujours tournés vers moi, je vous en prie ; vos regards attachés aux miens.

Isidore. – Je ne suis pas comme ces femmes qui veulent, en se faisant peindre, des portraits qui ne sont point elles, et ne sont point satisfaites du peintre s'il ne les fait toujours plus belles que le jour. Il faudrait, pour les conten-

1. Sa poitrine.
2. Vous avez bien du mal à vous placer.

ter, ne faire qu'un portrait pour toutes; car toutes demandent les mêmes choses : un teint tout de lis[3] et de rose, un nez bien fait, une petite bouche, et de grands yeux vifs, bien fendus, et surtout le visage pas plus gros que le poing, l'eussent-elles d'un pied de large[4]. Pour moi, je vous demande un portrait qui soit moi, et qui n'oblige point à demander qui c'est.

ADRASTE. – Il serait malaisé qu'on demandât cela du vôtre, et vous avez des traits à qui fort peu d'autres ressemblent. Qu'ils ont de douceurs et de charmes, et qu'on court de risque à les peindre!

DOM PÈDRE. – Le nez me semble un peu trop gros.

ADRASTE. – J'ai lu, je ne sais où, qu'Apelle[5] peignit autrefois une maîtresse d'Alexandre[6], et qu'il en devint, la peignant, si éperdument amoureux, qu'il fut près d'en perdre la vie : de sorte qu'Alexandre, par générosité, lui céda l'objet de ses vœux. *(Il parle à Dom Pèdre.)* Je pourrais faire ici ce qu'Apelle fit autrefois; mais vous ne feriez pas peut-être ce que fit Alexandre.

ISIDORE. – Tout cela sent la nation[7]; et toujours Messieurs les Français ont un fonds de galanterie qui se répand partout.

ADRASTE. – On ne se trompe guère à ces sortes de choses; et vous avez l'esprit trop éclairé pour ne pas voir de quelle source partent les choses qu'on vous dit. Oui, quand Alexandre serait ici, et que ce serait votre amant, je ne

3. Fleur blanche.
4. Même s'il est large d'un pied (1 pied ≈ 32 cm).
5. Peintre de la Grèce antique (IVe siècle av. J.-C.).
6. Roi de Macédoine et grand conquérant.
7. Votre pays d'origine.

pourrais m'empêcher de vous dire que je n'ai rien vu de si beau que ce que je vois maintenant, et que…

Dom Pèdre. – Seigneur français, vous ne devriez pas, ce me semble, parler ; cela vous détourne de votre ouvrage.

Adraste. – Ah ! point du tout. J'ai toujours de coutume[1] de parler quand je peins ; et il est besoin, dans ces choses, d'un peu de conversation, pour réveiller l'esprit, et tenir les visages dans la gaieté nécessaire aux personnes que l'on veut peindre.

Scène 12

Hali, *vêtu en Espagnol*, **Dom Pèdre**, **Adraste**, **Isidore**

Dom Pèdre. – Que veut cet homme-là ? et qui laisse monter les gens sans nous en venir avertir ?

Hali. – J'entre ici librement ; mais, entre cavaliers[2], telle liberté est permise. Seigneur, suis-je connu de vous ?

Dom Pèdre. – Non, seigneur.

Hali. – Je suis Dom Gilles d'Avalos, et l'histoire d'Espagne vous doit avoir instruit de mon mérite.

Dom Pèdre. – Souhaitez-vous quelque chose de moi ?

1. L'habitude.
2. Hommes qui portent l'épée.

Hali. – Oui, un conseil sur un fait d'honneur. Je sais qu'en ces matières il est malaisé de trouver un cavalier plus consommé[3] que vous; mais je vous demande pour grâce que nous nous tirions[4] à l'écart.

Dom Pèdre. – Nous voilà assez loin.

Adraste, *regardant Isidore.* – Elle a les yeux bleus.

Hali. – Seigneur, j'ai reçu un soufflet[5] : vous savez ce qu'est un soufflet, lorsqu'il se donne à main ouverte, sur le beau milieu de la joue. J'ai ce soufflet fort sur le cœur : et je suis dans l'incertitude si, pour me venger de l'affront, je dois me battre avec mon homme, ou bien le faire assassiner.

Dom Pèdre. – Assassiner, c'est le plus court chemin. Quel est votre ennemi?

Hali. – Parlons bas, s'il vous plaît.

Adraste, *aux genoux d'Isidore, pendant que Dom Pèdre parle à Hali.* – Oui, charmante Isidore, mes regards vous le disent depuis plus de deux mois, et vous les avez entendus : je vous aime plus que tout ce que l'on peut aimer, et je n'ai point d'autre pensée, d'autre but, d'autre passion, que d'être à vous toute ma vie.

Isidore. – Je ne sais si vous dites vrai, mais vous persuadez.

Adraste. – Mais vous persuadé-je jusqu'à vous inspirer quelque peu de bonté pour moi?

Isidore. – Je ne crains que d'en trop avoir.

3. Expérimenté.
4. Nous allions.
5. Une gifle.

ADRASTE. – En aurez-vous assez pour consentir, belle Isidore, au dessein[1] que je vous ai dit ?

ISIDORE. – Je ne puis encore vous le dire.

ADRASTE. – Qu'attendez-vous pour cela ?

ISIDORE. – À me résoudre[2].

ADRASTE. – Ah ! quand on aime, on se résout bientôt.

ISIDORE. – Hé bien ! allez, oui, j'y consens[3].

ADRASTE. – Mais consentez-vous, dites-moi, que ce soit dès ce moment même ?

ISIDORE. – Lorsqu'on est une fois résolu sur la chose, s'arrête-t-on sur le temps ?

DOM PÈDRE, *à Hali.* – Voilà mon sentiment, et je vous baise les mains[4].

HALI. – Seigneur, quand vous aurez reçu quelque soufflet, je suis homme aussi de conseil, et je pourrai vous rendre la pareille.

DOM PÈDRE. – Je vous laisse aller sans vous reconduire ; mais, entre cavaliers, cette liberté est permise.

ADRASTE. – Non, il n'est rien qui puisse effacer de mon cœur les tendres témoignages... *(Dom Pèdre, apercevant Adraste qui parle de près à Isidore.)* Je regardais ce petit trou qu'elle a au côté du menton, et je croyais d'abord que ce fût une tache. Mais c'est assez pour aujourd'hui,

1. Projet.
2. De prendre une décision.
3. Je suis d'accord.
4. Je vous dis au revoir.

nous finirons une autre fois. *(Parlant à Dom Pèdre.)* Non, ne regardez rien encore; faites serrer[5] cela, je vous prie. *(À Isidore.)* Et vous, je vous conjure de ne vous relâcher point, et de garder un esprit gai, pour le dessein que j'ai d'achever notre ouvrage.

ISIDORE. – Je conserverai pour cela toute la gaieté qu'il faut.

5. Mettre en lieu sûr.

Pause lecture 2

Scènes 6 à 12

D'une ruse à l'autre

La belle et le jaloux scène 6

Avez-vous bien lu ?

Pourquoi Isidore est-elle vraiment fâchée ?

❏ Dom Pèdre la réveille.

❏ Elle a peur d'avoir mauvaise mine.

❏ Elle a horreur d'être surveillée.

Deux conceptions de l'amour

1 Pour quelles raisons Isidore a-t-elle apprécié la sérénade donnée sous ses fenêtres ?

2 Que reproche-t-elle à Dom Pèdre ?
Quelles sont les deux conceptions de l'amour qui s'opposent ici ?
À qui la sympathie du spectateur va-t-elle ?

Un avertissement

3 Selon Dom Pèdre, pourquoi Isidore devrait-elle l'aimer ?
Au nom de quoi se révolte-t-elle ?

4 Selon Isidore, à quel danger un jaloux s'expose-t-il ?
De quoi menace-t-elle Dom Pèdre ?

5 Qualifiez le ton du dialogue entre les deux personnages.
À quels moments cette scène est-elle quand même comique ?

Autre chant, autre ruse scènes 7 et 8

Avez-vous bien lu ?

Le chant d'Hali est une ruse :

❏ pour entrer chez Dom Pèdre ?
❏ pour parler à Dom Pèdre ?
❏ pour parler à Isidore ?

Ruse… (scène 7)

1 Quels gestes et quels mots sont répétés au début de la scène ? À qui s'adressent-ils ? Dans quel but ?

2 Montrez que Dom Pèdre se méfie. Comment Hali cherche-t-il à gagner sa confiance (l. 13 à 20) ? Qui donne l'ordre aux musiciens de venir ?

… et chanson (scène 8, l. 1 à 52)

3 Comment les personnages de la chanson sont-ils nommés ? Qui sont-ils en réalité ? À quoi servent, selon vous, les passages en langue étrangère ?

4 À quel moment Dom Pèdre comprend-il la ruse ? Quels procédés reprend-il ? Qu'est-ce qui fait rire ?

Les provocations du valet (scène 8, l. 53 à 69)

5 Comment Hali se comporte-t-il quand la ruse est découverte (mouvements, paroles, ton) ?

L'amour peintre scènes 9 à 12

Avez-vous bien lu ?

Adraste a préparé :

❏ un poème à réciter ?
❏ un tableau à vendre ?
❏ du matériel de peinture ?

La scène du portrait (scène 11)

1 Montrez qu'Adraste se comporte comme un véritable peintre.
Citez les didascalies et certaines de ses paroles qui le montrent.

2 Quels gestes et quelles paroles prouvent qu'il profite de la situation pour faire la cour à Isidore ? Dom Pèdre est-il complètement dupe ?

3 Quelle réputation les Français ont-ils au XVIIe siècle ?
Comment Adraste et Isidore en profitent-ils ?
En quoi l'anecdote sur Alexandre (l. 72 à 78) est-elle comique ?

La nouvelle ruse d'Hali (scène 12)

4 Pour qui Hali se fait-il passer auprès de Dom Pèdre ? Dans quel but ?

5 Pendant cet entretien, que font Adraste et Isidore ?
Comment les personnages sont-ils placés sur la scène ?
Qu'est-ce qui montre qu'Isidore est conquise par Adraste ?

Vers l'expression

Vocabulaire

1. a. À quel champ lexical appartiennent les mots employés par Isidore dans la scène 6 : *retenir*, *enfermer*, *contrainte*, *garde*, *servitude*, *esclave*.

b. À quelle idée s'opposent-ils ?

2. a. Quels sont les deux sens (propre et figuré) du verbe *attraper* ? Employez ce verbe dans deux phrases illustrant ces deux sens.

b. Sur quel sens de ce mot jouent respectivement Dom Pèdre et Hali dans l'échange suivant :

DOM PÈDRE. – Laisse-moi faire, je t'attraperai sans courir.

HALI. – C'est nous qui vous attraperons.

3. Citez un synonyme et un antonyme des mots suivants : *attirant*, *fâché*, *fureur*, *dissimuler*, *détester*.

À vous de jouer

Écrivez un monologue

Après la scène 6, écrivez une scène destinée à faire connaître les sentiments d'Isidore au public. Isidore est seule en scène et parle à voix haute (c'est un monologue). Elle dit tout ce qu'elle n'a pas pu exprimer devant Dom Pèdre.

Du texte à l'image

Observez la mise en scène → voir dossier images p. III

Le Sicilien ou l'Amour peintre, mise en scène de Jean-Marie Villégier à la Comédie-Française, 2005

1 Observez les groupes de personnages du premier et du second plans. Quels sont leurs points communs ? leurs différences ?

2 À quel moment de la pièce la photographie a-t-elle été prise, selon vous ?

3 Comment la ruse et l'énergie du valet sont-elles soulignées ? Interprétez l'attitude du personnage en rouge.

4 Qu'est-ce qui donne un caractère moderne à cette mise en scène ?

→ Du texte à l'image p. 25

Farceurs français et italiens

Peinture attribuée à Vério, 1670.

→ Du texte à l'image p. 25

Arlequin et Colombine

Peinture anonyme,
XVIIIe siècle.

→ Du texte à l'image p. 48

Le Sicilien ou l'Amour peintre

Mise en scène de Jean-Marie Villégier à la Comédie-Française, 2005.

→ Du texte à l'image p. 61

Molière

Photo du film d'Ariane Mnouchkine,
avec Philippe Caubère dans le rôle de Molière, 1978.

Scène 13

DOM PÈDRE, ISIDORE

ISIDORE. – Qu'en dites-vous ? Ce gentilhomme me paraît le plus civil[1] du monde, et l'on doit demeurer d'accord que les Français ont quelque chose en eux de poli, de galant, que n'ont point les autres nations.

DOM PÈDRE. – Oui ; mais ils ont cela de mauvais, qu'ils s'émancipent un peu trop[2], et s'attachent, en étourdis, à conter des fleurettes[3] à tout ce qu'ils rencontrent.

ISIDORE. – C'est qu'ils savent qu'on plaît aux dames par ces choses.

DOM PÈDRE. – Oui ; mais s'ils plaisent aux dames, ils déplaisent fort aux messieurs ; et l'on n'est point bien aise[4] de voir, sur sa moustache[5], cajoler hardiment sa femme ou sa maîtresse.

ISIDORE. – Ce qu'ils en font n'est que par jeu.

Scène 14

CLIMÈNE, DOM PÈDRE, ISIDORE

CLIMÈNE, *voilée*. – Ah ! seigneur cavalier, sauvez-moi, s'il vous plaît, des mains d'un mari furieux dont je suis

1. Poli.
2. Prennent un peu trop de liberté.
3. Parler d'amour.
4. On n'est pas content.
5. Sous ses yeux.

poursuivie. Sa jalousie est incroyable, et passe[6], dans ses mouvements, tout ce qu'on peut imaginer. Il va jusques à vouloir que je sois toujours voilée ; et pour m'avoir trouvée le visage un peu découvert, il a mis l'épée à la main, et m'a réduite à me jeter chez vous, pour vous demander votre appui contre son injustice. Mais je le vois paraître. De grâce, seigneur cavalier, sauvez-moi de sa fureur.

DOM PÈDRE. – Entrez là-dedans avec elle, et n'appréhendez rien[1].

Scène 15

ADRASTE, DOM PÈDRE

DOM PÈDRE. – Hé quoi ! seigneur, c'est vous ? Tant de jalousie pour un Français ? Je pensais qu'il n'y eût que nous qui en fussions capables.

ADRASTE. – Les Français excellent[2] toujours dans toutes les choses qu'ils font ; et quand nous nous mêlons d'être jaloux, nous le sommes vingt fois plus qu'un Sicilien. L'infâme croit avoir trouvé chez vous un assuré refuge ; mais vous êtes trop raisonnable pour blâmer mon ressentiment[3]. Laissez-moi, je vous prie, la traiter comme elle mérite.

DOM PÈDRE. – Ah ! de grâce, arrêtez. L'offense est trop petite pour un courroux si grand.

6. Dépasse.
1. N'ayez peur de rien.
2. Sont supérieurs.
3. Ma colère.

Adraste. – La grandeur d'une telle offense n'est pas dans l'importance des choses que l'on fait : elle est à transgresser les[4] ordres qu'on nous donne ; et sur de pareilles matières, ce qui n'est qu'une bagatelle[5] devient fort criminel lorsqu'il est défendu.

Dom Pèdre. – De la façon qu'elle a parlé, tout ce qu'elle en a fait a été sans dessein[6] ; et je vous prie enfin de vous remettre bien ensemble.

Adraste. – Hé quoi ! vous prenez son parti, vous qui êtes si délicat sur ces sortes de choses ?

Dom Pèdre. – Oui, je prends son parti ; et si vous voulez m'obliger[7], vous oublierez votre colère, et vous vous réconcilierez tous deux. C'est une grâce que je vous demande ; et je la recevrai comme un essai de l'amitié que je veux qui soit entre nous.

Adraste. – Il ne m'est pas permis, à ces conditions, de vous rien refuser ; je ferai ce que vous voudrez.

Scène 16

Climène, Adraste, Dom Pèdre

Dom Pèdre. – Holà ! venez. Vous n'avez qu'à me suivre, et j'ai fait votre paix. Vous ne pouviez jamais mieux tomber que chez moi.

4. Mais de désobéir aux.
5. Chose sans importance.
6. Sans mauvaise intention.
7. M'être agréable.

Climène. – Je vous suis obligée[1] plus qu'on ne saurait croire ; mais je m'en vais prendre mon voile ; je n'ai garde, sans lui, de paraître à ses yeux.

Dom Pèdre. – La voici qui s'en va venir ; et son âme, je vous assure, a paru toute réjouie lorsque je lui ai dit que j'avais raccommodé tout.

Scène 17

Isidore, *sous le voile de Climène*, **Adraste**, **Dom Pèdre**

Dom Pèdre. – Puisque vous m'avez bien voulu donner votre ressentiment[2], trouvez bon qu'en ce lieu je vous fasse toucher dans la main l'un de l'autre, et que tous deux je vous conjure de vivre, pour l'amour de moi, dans une parfaite union.

Adraste. – Oui, je vous le promets, que, pour l'amour de vous, je m'en vais, avec elle, vivre le mieux du monde.

Dom Pèdre. – Vous m'obligez sensiblement, et j'en garderai la mémoire.

Adraste. – Je vous donne ma parole, seigneur Dom Pèdre, qu'à votre considération, je m'en vais la traiter du mieux qu'il me sera possible.

1. Reconnaissante.
2. Puisque vous avez bien voulu abandonner votre colère.

Dom Pèdre. – C'est trop de grâce que vous me faites. Il est bon de pacifier et d'adoucir toujours les choses. Holà! Isidore, venez.

Scène 18

Climène, Dom Pèdre

Dom Pèdre. – Comment? que veut dire cela?

Climène, *sans voile.* – Ce que cela veut dire? Qu'un jaloux est un monstre haï de tout le monde, et qu'il n'y a personne qui ne soit ravi de lui nuire, n'y eût-il point[3] d'autre intérêt; que toutes les serrures et les verrous du monde ne retiennent point les personnes, et que c'est le cœur qu'il faut arrêter par la douceur et par la complaisance[4]; qu'Isidore est entre les mains du cavalier qu'elle aime, et que vous êtes pris pour dupe[5].

Dom Pèdre. – Dom Pèdre souffrira cette injure mortelle! Non, non : j'ai trop de cœur, et je vais demander l'appui de la justice, pour pousser le perfide à bout. C'est ici le logis d'un sénateur. Holà!

3. Même s'il n'y avait pas.
4. L'amabilité.
5. On vous a trompé.

Scène 19

LE SÉNATEUR[1], DOM PÈDRE

LE SÉNATEUR. – Serviteur[2], seigneur Dom Pèdre. Que vous venez à propos[3] !

DOM PÈDRE. – Je viens me plaindre à vous d'un affront qu'on m'a fait.

LE SÉNATEUR. – J'ai fait une mascarade[4] la plus belle du monde.

DOM PÈDRE. – Un traître de Français m'a joué une pièce.

LE SÉNATEUR. – Vous n'avez, dans votre vie, jamais rien vu de si beau.

DOM PÈDRE. – Il m'a enlevé une fille que j'avais affranchie.

LE SÉNATEUR. – Ce sont gens vêtus en Maures, qui dansent admirablement.

DOM PÈDRE. – Vous voyez si c'est une injure qui se doive souffrir.

LE SÉNATEUR. – Les habits merveilleux, et qui sont faits exprès.

DOM PÈDRE. – Je vous demande l'appui de la justice contre cette action.

LE SÉNATEUR. – Je veux que vous voyiez cela. On la va répéter, pour en donner le divertissement au peuple.

1. Magistrat.
2. Je suis votre serviteur *(formule de politesse)*
3. Au bon moment.
4. Danse exécutée par des gens déguisés et masqués.

DOM PÈDRE. – Comment ? de quoi parlez-vous là ?

LE SÉNATEUR. – Je parle de ma mascarade.

DOM PÈDRE. – Je vous parle de mon affaire.

LE SÉNATEUR. – Je ne veux point aujourd'hui d'autres affaires que de plaisir. Allons, Messieurs, venez : voyons si cela ira bien.

DOM PÈDRE. – La peste soit du fou, avec sa mascarade !

LE SÉNATEUR. – Diantre[5] soit le fâcheux[6], avec son affaire !

Scène 20

Plusieurs Maures font une danse entre eux, par où finit la comédie.

5. Diable ! *(juron)*
6. Personne qui dérange et dont la présence est désagréable.

Scène de théâtre de rue dans *Molière*, film réalisé par Ariane Mnouchkine, 1978.

Pause lecture 3

Scènes 13 à 20

Le jaloux à la fête

Les contradictions du jaloux scènes 13 et 14

Avez-vous bien lu ?

Climène est la sœur :

❑ d'Adraste ?

❑ d'Isidore ?

❑ de Dom Pèdre ?

Le barbon et la jeune fille (scène 13)

1 Quelles qualités Isidore vante-t-elle à Dom Pèdre (l. 1 à 4) ? Sur quel ton parle-t-elle, à votre avis ?

2 Comment Dom Pèdre réagit-il ? Pourquoi ? Sur quel ton s'exprime-t-il ?

L'arrivée de Climène (scène 14)

3 Pourquoi l'apparition de Climène est-elle théâtrale ? Observez le rythme de son discours. Quels sentiments traduit-il ?

4 Que reproche Climène à son « mari » ? Chez qui vient-elle trouver refuge ? En quoi cette situation est-elle comique ?

5 Comment Dom Pèdre réagit-il ? Dans quel cas trouve-t-il la jalousie normale ou, au contraire, injustifiée ?

Rebondissements scènes 15 à 18

Avez-vous bien lu ?

Dom Pèdre accepte malgré lui le mariage :

- ❑ d'Adraste et de Climène ?
- ❑ d'Adraste et d'Isidore ?
- ❑ d'Hali et d'Isidore ?

L'aveuglement d'un jaloux (scène 15)

1 Pourquoi Dom Pèdre est-il surpris de découvrir qu'Adraste est un mari jaloux ? Que craignait-il de lui dans les scènes précédentes ?

2 Quels arguments Dom Pèdre trouve-t-il pour réconcilier mari et femme ? Pourquoi aurait-il dû se méfier du changement d'attitude d'Adraste, à la fin de la scène ?

Le jaloux trompé (scènes 17 et 18)

3 Comment Dom Pèdre comprend-il les paroles d'Adraste (scène 17) ? Quel est leur sens véritable ? Quel effet produit le malentendu ?

4 Qu'éprouve Dom Pèdre quand il découvre la supercherie (scène 18) ? Quel nom est donné à un retournement de situation dans une intrigue théâtrale ?

5 Quelle leçon Climène donne-t-elle à Dom Pèdre ? La comprend-il ? Quelle décision prend-il alors ?

Un dénouement comique scènes 19 et 20

Avez-vous bien lu ?

Pour le sénateur, Dom Pèdre arrive au bon moment :

❑ pour régler une affaire ?
❑ pour assister à sa mascarade ?
❑ pour déposer sa plainte ?

Un dialogue de sourds

1 À la scène 19, de quoi Dom Pèdre parle-t-il ? et le sénateur ? Sur quels tons s'expriment-ils ? Sont-ils en train de dialoguer ?

2 À quel moment le malentendu prend-il fin ? Repérez deux échanges de paroles construits symétriquement.

Le plaisir du chant et de la danse

3 Comment imaginez-vous la dernière scène (thèmes des chants, musiques, costumes, gestes et attitudes...) ?

4 Combien de morceaux musicaux la pièce comporte-t-elle ? Quel est celui qui est directement lié à l'intrigue ? Quel est le rôle des autres ?

Derrière le rire, une leçon

5 Pour quels personnages la situation a-t-elle changé à la fin de la pièce ? Dom Pèdre a-t-il évolué ? Que faut-il en conclure ?

6 Quel défaut Molière dénonce-t-il dans cette courte comédie ?

Vers l'expression

Vocabulaire

1. *Civil* signifie « poli » au XVIIe siècle. Cherchez dans le dictionnaire un nom commun de la même famille, qui est resté proche du sens ancien.

2. Reliez par des flèches les expressions du XVIIe siècle (colonne de gauche) à celles qui correspondent à leur sens aujourd'hui (colonne de droite).

Vous m'obligez.	Vous me faites plaisir.
Je vous baise les mains.	Je suis content.
Je suis bien aise.	Je prends congé de vous.

3. Recopiez et complétez le texte suivant avec les mots suivants : *comédie*, *dialogue*, *malentendu*, *quiproquo*, *dialogue de sourds*.

Dans un ...., il arrive que deux personnes ignorent qu'elles ne parlent de la même chose. On dit familièrement qu'il s'agit d'un .... Pour faire rire, la .... peut utiliser ce procédé, nommé .... ou ....

À vous de jouer

Écrivez une tirade

Adraste raconte à un ami les tours joués à Dom Pèdre pour enlever Isidore. Il termine en évoquant ce qui s'est passé ensuite : mariage avec Isidore, départ vers un autre pays...

Du texte à l'image

Observez la photographie → voir dossier images p. IV

Molière, photo du film d'Ariane Mnouchkine, avec Philippe Caubère dans le rôle de Molière, 1978.

1 Dans ce portrait, qu'est-ce qui attire immédiatement l'attention ? Pourquoi ?

2 Selon vous, que fait à ce moment précis l'acteur qui jour le rôle de Molière ?

3 Comparez le visage et le masque : forme, expression, regard. Pourquoi, selon vous, Molière a-t-il rapidement arrêté de jouer avec un masque ?

4 Que suggère cette image empruntée à un film ? Correspond-elle à la façon dont vous vous imaginez Molière ?

Questions sur...

Le Sicilien

1. Les personnages

1 Voici une liste d'adjectifs qualificatifs :

- agréable
- amoureux
- coléreux
- désagréable
- égoïste
- fourbe
- insolent
- habile
- jaloux
- méfiant
- peureux
- ridicule
- sympathique
- tendre
- vantard

Choisissez les adjectifs adaptés à chaque personnage, en les disposant dans le tableau suivant, après l'avoir recopié :

Adraste	
Don Pèdre	
Hali	

2 Que reproche Isidore à Dom Pèdre ?
Pourquoi celui-ci pense-t-il avoir des droits sur elle ?
Quelle leçon Climène lui donne-t-elle ?

2. L'intrigue

3 Que souhaite profondément Adraste dès le début de la pièce ? Quels obstacles rencontre-t-il ? Qu'obtient-il à la fin ?

4 Quelles sont les deux premières tentatives effectuées par Hali pour aider son maître ? Vous paraissent-elles réussir ou échouer ? Pourquoi ?

5 Quand Adraste fait le portrait d'Isidore, à quel moment parvient-il à dialoguer avec elle ? Grâce à quelle ruse ?

6 Par quel stratagème Dom Pèdre est-il trompé et donne-t-il son accord au mariage entre Isidore et Adraste ?

7 Pourquoi le sénateur n'écoute-t-il pas la plainte de Dom Pèdre ?

3. Le comique

8 De quel personnage rit-on le plus dans la pièce ? Pourquoi ?

9 Citez un exemple :
– de comique de situation ;
– de comique de gestes ;
– de comique de caractère ;
– de comique de mots.

10 Quelles valeurs Molière défend-il ici ? Quel défaut dénonce-t-il ?

Après la lecture

Genre

La comédie-ballet

Thème

Maître et valet, de Molière à nos jours

La comédie-ballet

◆ Comédie, musique et danse

Dès la fin du XVIe siècle, le roi et la Cour aiment participer aux ballets : les nobles chantent, dansent et jouent un rôle. Au XVIIe siècle, le roi Louis XIV est passionné de danse et participe en personne aux spectacles donnés lors des fêtes royales. Molière réussit à lier étroitement les chants et les danses à l'intrigue théâtrale, créant ainsi **un spectacle total**. Il a écrit dix comédies-ballets, souvent en collaboration avec le musicien Lully. Dans *Le Sicilien*, Adraste fait donner une sérénade sous les fenêtres de la belle Isidore pour trouver une occasion de la rencontrer et de lui parler. Hali, son serviteur, tente ensuite de faire connaître à la belle les sentiments de son maître en improvisant une chanson où il mêle à la langue italienne une parodie de français, d'espagnol et de turc. Enfin, la pièce se finit par une mascarade (une danse exécutée par des gens déguisés et masqués) qui célèbre le triomphe de l'amour sur la jalousie.

« Molière mêle la comédie au chant et à la danse. »

◆ Les procédés comiques

Molière se moque très souvent d'un personnage qu'un défaut rend ridicule parce qu'il est **excessif**, comme la jalousie démesurée du Sicilien. Dom Pèdre enferme Isidore, espérant ainsi la garder en son pouvoir et la convaincre de l'aimer. Le public s'amuse d'autant plus qu'il en sait davantage que les personnages. Les spectateurs perçoivent en effet qu'Adraste, déguisé en peintre, fait la cour à Isidore, tandis que le Sicilien jaloux ne s'aperçoit de rien, car son attention est détournée par Hali. D'une manière générale, le comique est lié à l'action, aux caractères, aux gestes, aux expressions des personnages, aux déplacements sur scène et à l'emploi des mots.

◆ L'exotisme

Au XVIIe siècle, l'exotisme oriental est à la mode, mais c'est **un Orient fantaisiste**, sans véritable rapport avec la réalité. Le public recherche le plaisir du **dépaysement**. Ainsi, l'action du *Sicilien* se passe en Sicile, Isidore est grecque, Hali conduit des musiciens et danseurs venus du nord de l'Afrique, les chants sont en français ou dans une langue qui imite l'italien et le turc.

◆ Un genre très apprécié par Louis XIV

Lors de la première représentation du *Sicilien* devant la Cour, Louis XIV et certaines dames de la Cour y apparaissent dans de **somptueux costumes** exotiques. Quand le roi s'installe à Versailles en 1664, c'est la comédie-ballet de Molière *La Princesse d'Élide* qui constitue le premier des spectacles qui vont se succéder pendant sept jours.

> « *L'exotisme oriental est à la mode au XVIIe siècle.* »

La plus célèbre des comédies-ballets de Molière est *Le Bourgeois gentilhomme*. Ce genre meurt avec lui. Lully obtient alors du roi le privilège des spectacles chantés et dansés, fondant ainsi l'opéra français. ■

Maître et valet, de Molière à nos jours

◆ Le valet rusé au service des amoureux (XVIIe siècle)

Dans les comédies de Molière, le valet garde souvent certains traits des personnages de la farce : la peur des coups de bâton, la vantardise, l'intérêt pour l'argent et le langage populaire et imagé. Mais le trait dominant des valets est **le goût de l'intrigue et de la ruse**. Molière l'a emprunté à un personnage de la *commedia dell'arte*, Brighella, véritable « père » des valets de comédie.

« Du valet farceur… »

Dans *Le Sicilien*, Hali met ce qu'il nomme sa « qualité de fourbe », son art de la tromperie au service des amours de son maître. Sans difficulté, il se fait passer, auprès du Sicilien jaloux, tantôt pour un vendeur d'esclaves musiciens, tantôt pour un grand seigneur espagnol. Son maître et lui forment un véritable duo et rivalisent d'astuce. Le plus célèbre de ces valets rusés est **Scapin** qui multiplie les tours cruels au père tyrannique de son maître.

◆ Le valet rival de son maître (XVIIIe siècle)

Dans *L'Île des esclaves* (1725), Marivaux imagine une situation où les rapports entre maîtres et domestiques sont inversés. Échoués sur une île imaginaire, les maîtres subissent une bien curieuse épreuve : ils doivent servir leurs propres domestiques qui deviennent maîtres à leur tour et profitent de la situation. Quand l'épreuve est terminée, les maîtres retrouvent leur place, mais ils ont changé et compris la leçon.

Puis, vers la fin du siècle, Beaumarchais invente le personnage de **Figaro**, joyeux valet aux multiples talents. Dans *Le Barbier de Séville* (1775), il aide son maître, le comte Almaviva, à enlever la belle

Rosine, retenue, comme Isidore, par un jaloux qui l'enferme. Mais dans la pièce suivante, *Le Mariage de Figaro* (1784), **le valet devient le rival de son maître**. Le comte, infidèle à Rosine, cherche à séduire Suzanne, la fiancée de Figaro. Le valet triomphe de tous les obstacles et se compare à son maître : le comte n'a pas de qualités particulières et tire ses avantages uniquement de sa naissance aristocratique, tandis que lui, Figaro, a dû faire preuve d'intelligence et de courage pour réussir. Cet esprit critique annonce la révolution de 1789.

◆ Le valet moralement supérieur à son maître (XIXe et XXe siècles)

Avec *Ruy Blas* (1838), Victor Hugo crée un nouveau personnage de valet, contraint de servir les projets d'un maître détestable (Don Salluste de Bazan). Quand Ruy Blas devient ministre, ce dernier veut l'obliger à tendre un piège à la reine d'Espagne. Amoureux de celle-ci et désespéré, Ruy Blas se suicide.

Au XXe siècle, le personnage du valet a tendance à disparaître de la scène. Mais l'écrivain allemand Bertolt Brecht présente une situation singulière dans *Maître Puntila et son valet Matti* (1948). Le valet est confronté à un maître double, tyrannique et cruel quand il est à jeun, généreux et sympathique quand il a bu. Matti se demande si son maître n'est pas plus redoutable quand il a bu puisqu'il arrive à manipuler ceux qu'il domine. La pièce pose **le problème du rapport entre dominants** (ceux qui possèdent les richesses et le pouvoir) **et dominés dans la société**. ■

« … au valet rival de son maître ! »

Autre lecture

Pierre Gripari

Le Bourricot

1963

texte intégral

Une comédie en un acte à lire et à jouer...

Qui est Pierre Gripari ?

Pierre Gripari (1925-1990)

Né à Paris en 1925, Pierre Gripari commence des études littéraires qu'il doit interrompre à dix-neuf ans, quand il devient orphelin. Pour vivre, il exerce les métiers les plus divers. Sa première pièce, créée en 1962, *Lieutenant Tenant*, obtient beaucoup de succès. Il est l'auteur d'une quarantaine de romans, pièces de théâtre, recueils de nouvelles et de poésie. Ses œuvres pour la jeunesse l'ont fait connaître dans le monde entier. Pierre Gripari est mort à Paris en 1990. Il aimait à se définir comme « un Martien observant le monde des hommes avec une curiosité amusée ».

Cette scène est librement inspirée d'une farce japonaise intitulée Jishaku. *Elle peut cependant être jouée en costumes paysans de chez nous. L'action se passe dans un marché aux bestiaux. Entrent* lui *et* elle, lui *est un paysan, petit et agressif, armé d'un bâton,* elle *est une paysanne assez grande, plutôt forte et placide*[1].

ELLE. – Moi, je te dis que ça se peut pas !

LUI. – Et moi, je te dis que ça se peut !

ELLE. – Moi, je te dis qu'il faut pas !

LUI. – Et moi, je te dis qu'il faut !

ELLE. – Tu n'as pas le droit de faire ça !

LUI. – J'en ai le droit, que je te dis !

ELLE. – Enfin, quoi, je suis ta femme, oui ou non ?

LUI. – Justement parce que tu es ma femme !

ELLE. – Alors, là, je ne comprends plus !

LUI. – Hé là mon Dieu, qu'elle est bête ! C'est pourtant simple : tu es ma femme, tu viens de le dire ?

ELLE. – Ben, oui.

LUI. – Donc, je suis ton mari, par le fait ?

ELLE. – Ben, oui.

LUI. – Donc tu dois m'obéir !

1. Douce et calme.

ELLE. – T'obéir, t'obéir, moi je veux bien… mais ça dépend pour quoi !

LUI. – Y a pas de « ça dépend » ! Tu dois m'obéir, c'est tout !

ELLE. – Mais t'as pas le droit de me chasser !

LUI. – Et pourquoi que je te chasserais pas ?

ELLE. – Ben…

LUI. – C'est moi l'homme, oui ou non ?

ELLE. – C'est toi l'homme, oui, mais…

LUI. – Alors, si c'est moi l'homme, c'est moi qui décide.

ELLE. – Bon. Admettons. Tu es l'homme, tu décides. Tu as peut-être le droit de me chasser…

LUI. – Là ! Tu vois bien !

ELLE. – Mais t'as pas le droit de me vendre !

LUI. – En voilà ben une autre ! Et pourquoi donc ?

ELLE. – Ben, j'sais pas, moi…

LUI. – Tu vois bien ! Tu sais pas !

ELLE. – Enfin quoi, je suis une femme !

LUI. – Est-ce que je te dis le contraire ?

ELLE. – Je suis ta femme !

LUI. – Et moi je suis ton mari. Tu dois m'obéir.

ELLE. – Mais moi, je t'aime !

LUI. – Raison de plus. Si tu m'aimes, tu dois être contente de me rapporter de l'argent.

ELLE. – Et si je ne veux pas ?

LUI. – Si tu ne veux pas, c'est autre chose. Tu vois ce bâton ?

ELLE, *reculant*. – Non, non !

LUI. – Je vois que tu m'as compris. Alors ?

ELLE. – C'est bon, tu es le plus méchant. Fais donc ce que tu veux.

LUI. – Voilà comme j'aime t'entendre causer. À présent, écoute-moi bien.

ELLE. – Je t'écoute.

LUI. – Voilà : tu es un bourricot[1].

ELLE. – Pardon ?

LUI. – Je te dis que tu es un bourricot. T'es sourde ?

ELLE. – Mais c'est pas vrai ! Je suis pas un bourricot !

LUI. – La v'là qui recommence ! Tu n'as donc rien compris ?

ELLE. – Mais…

1. Petit âne.

Autre lecture

LUI. – Écoute et ne me fais pas répéter trente-six fois la même chose. Tu sais bien que nous sommes pauvres ?

ELLE. – Oui, je le sais.

LUI. – Que nous n'avons plus d'argent ?

ELLE. – Oui… Non !

LUI. – Que nous n'avons plus rien à manger, est-ce vrai ?

ELLE. – Non… Oui !

LUI. – Il faut donc que je te vende !

ELLE. – Oui… Non…

LUI. – Quoi ?

ELLE. – Bon, d'accord.

LUI. – Seulement je ne peux pas te vendre comme femme, parce que, comme femme, t'es trop moche. Alors, je te vends comme bourricot.

ELLE. – Mais, voyons… est-ce que j'ai l'air d'un bourricot ?

LUI. – Ça, ce n'est pas ton affaire, c'est la mienne. Alors, maintenant, tu fais ce que je te dis, tu fermes ta grande gueule et tu ne réponds que si je t'interroge. D'accord ?

ELLE. – Comme tu veux. Mais…

LUI. – Plus un mot ! Je t'annonce ! *(Ton du bonimenteur[1] de foire.)*

1. Personne qui tient des propos trompeurs pour attirer les clients.

Approchez, mesdames, messieurs!
Ouvrez l'œil, ouvrez les yeux!
J'ai un bourricot à vendre!
Il est à qui veut le prendre!
C'est un joli bourricot,
Bien solide, bien costaud,
Qui vous fera ben d'l'usage!
Si un jour il n'est pas sage,
Quelques bons coups de bâton
Le mettront à la raison!

ELLE. – Non, mais dis donc!

LUI. – Toi, tu la boucles!

LE CLIENT. *(C'est un deuxième paysan, grand et fort. Il s'approche.)* – Pardon, m'sieur, excusez-moi si je me trompe… J'entends dire comme ça que vous auriez un bourricot à vendre?

LUI. – Parfaitement, monsieur.

LE CLIENT. – Et où est-il?

LUI. – Ici.

LE CLIENT. – Où ça, ici?

LUI. – Ben, ici… *(Un temps.)* Vous ne voyez pas clair?

LE CLIENT. – Vous ne voulez pas dire que madame…

LUI. – C'est pas une madame, c'est un bourricot.

LE CLIENT. – Excusez-moi, mais… elle n'en a pas l'air !

LUI. – Elle n'en a pas l'air, mais c'est un bourricot !

LE CLIENT. – Et… qu'est-ce qui me le prouve ?

LUI. – Comment ça, ce qui vous le prouve ? Est-ce que par hasard vous me prendriez pour un menteur ?

LE CLIENT. – Je ne dis pas ça, mais…

LUI. – Ce qui vous le prouve, c'est ma parole d'abord… et puis la sienne ensuite ! *(À elle.)* Pas vrai, que t'es un bourricot ?

ELLE. – Oui, oui, je suis un bourricot !

LE CLIENT. – Alors, si c'est lui qui le dit… Mais au fait !

LUI. – Quoi ?

LE CLIENT. – Un bourricot, ça ne parle pas !

LUI. – Les autres, non, mais celui-ci, si !

LE CLIENT. – Ben comment que ça se fait ?

LUI. – Parce que c'est… un bourricot savant !

LE CLIENT. – Ah ! bon ! Mais dites-moi : je ne vois pas ses oreilles.

LUI. – Ben, les v'là ses oreilles !

LE CLIENT. – Mais elles sont toutes petites.

LUI. – Les souris les lui ont mangées.

LE CLIENT. – Ah ! bon ! Mais ses sabots...

LUI. – Ben, les v'là, ses sabots !

LE CLIENT. – Oui, mais... ce sont des sabots de gens, ce ne sont pas des sabots de bourricot !

LUI. – Et qu'est-ce que ça peut foutre, du moment que ce sont des sabots ?

LE CLIENT. *(Il recule d'un pas.)* – Ouais, ouais... Tout de même, pour un bourricot... il a une drôle d'allure !

LUI. – Qu'est-ce que vous lui trouvez, à son allure ?

LE CLIENT. – Ben, par exemple, il a des mains... C'est la première fois que je vois un bourricot avec des mains !

LUI. – Ça, c'est la race.

LE CLIENT. – La race ? Quelle race ?

LUI. – Une nouvelle race, comme ça. Le bourricot à mains. Ça lui permet de prendre les paquets, de se charger lui-même. C'est très pratique !

LE CLIENT. – Ça, pour être pratique... Mais ce n'est pas tout : il marche sur les pattes de derrière, votre bourricot...

LUI. – Oui. Et alors ?

LE CLIENT. – Alors, comment voulez-vous que je le charge ?

Autre lecture

LUI. – Faites-lui porter des sacs, des colis sur l'épaule, une lessiveuse sur la tête, ou tirer une charrette…

ELLE, *protestant*. – Une charrette, tu vas fort !

LUI, *menaçant*. – Tu vas la boucler, oui ?

LE CLIENT. – Mais… il raisonne, en plus ?

LUI. – Oui, de temps en temps… Mais faut pas le laisser faire !

LE CLIENT. – Ça aussi, c'est la race ?

LUI. – Oui, c'est la race.

LE CLIENT. – Vous ne trouvez pas ça… bizarre ?

LUI. – Non, je trouve pas ça bizarre. Et même c'est ben utile !

LE CLIENT. – Utile, comment ça donc ?

LUI. – Ben oui, puisqu'il comprend le français… Il peut pas faire semblant d'ignorer ce qu'on lui veut… Alors il faut qu'il obéisse, pas vrai ? Ou bien qu'il dise pourquoi !

LE CLIENT. – C'est juste. Mais dans ce cas, je peux l'interroger ?

LUI, *réticent*. – Euh… Oui, si vous voulez… Mais je vous préviens : il est très bête !

LE CLIENT. – Aucune importance… Dis-moi donc, bourricot !

LUI. – Eh bien quoi ? Réponds donc ! Tu vois ben que monsieur te cause !

ELLE. – Oui, monsieur ?

LE CLIENT. – C'est vrai que tu peux porter des sacs, des colis… et traîner une charrette ?

ELLE. – Pour la charrette, faut pas charrier quand même… Mais je peux tirer un diable[1], ou pousser une brouette, ça oui !

LE CLIENT. – Je vois. Tu n'es pas très costaud ?

ELLE. – Je ferai ce que je pourrai.

LE CLIENT. – Seras-tu content, au moins, si je t'achète ?

ELLE. – Moi ? Je m'en fiche pas mal !

LUI, *furieux*. – Non, mais dis donc ! Qu'est-ce que c'est que ces manières ? Tu peux pas être polie ?

LE CLIENT. – Mais laissez-la, cette brave bête, elle m'a dit ce qu'elle pensait… Au fait, qu'est-ce qu'il mange, ce bourricot ? De l'herbe, du foin, de l'avoine ?

LUI. – Rien de tout ça ! Faites pas de cuisine exprès pour lui ! Il mangera comme vous !

LE CLIENT. – Comme moi ?

LUI. – Exactement ! Qu'est-ce que vous mangez, vous ?

1. Chariot pour transporter des objets lourds.

Autre lecture

LE CLIENT. – Je mange de la soupe, de la légume, de la viande, du fromage…

LUI. – Eh ben, lui, c'est pareil !

LE CLIENT. – Mais dites donc, ça revient cher, tout ça !

LUI. – Dame ! C'est un bourricot savant !

LE CLIENT. – C'est bon. Combien en demandez-vous ?

LUI. – Ben, au début, comme ça, je pensais deux millions…

LE CLIENT, *sursautant.* – Quoi ?

LUI. – Mais après, je me suis dit que c'était peut-être un peu trop…

LE CLIENT. – Oui, un peu !

LUI. – Et puis vous me plaisez, vous avez une bonne tête…

LE CLIENT. – Merci !

LUI. – Et puis je suis pressé de vendre, j'ai besoin d'argent, vous avez de la chance…

LE CLIENT. – Tant mieux !

LUI. – Alors, pour vous, ce sera cinq cent mille francs !

LE CLIENT. – Je vois, je vois… *(Un temps.)* Alors, moi, je vous en offre, disons… deux francs cinquante !

LUI, *sursautant*. – Combien ?

LE CLIENT. – Deux francs cinquante.

LUI. – C'est une plaisanterie, non ?

LE CLIENT. – Pas du tout.

LUI. – Vous n'êtes pas sérieux ?

LE CLIENT. – Si, si, je suis très sérieux ! Deux francs cinquante.

LUI. – Mais c'est de l'exploitation, du vol, de l'assassinat ! J'aimerais mieux le manger, mon bourricot, plutôt que de le donner pour un prix pareil !

LE CLIENT. – C'est bien, ne pleurez pas ! Mettons trois francs, allez…

LUI. – Écoutez-moi : quatre cent cinquante mille francs, et puis n'en parlons plus.

LE CLIENT. – Bon, je vois que vous êtes raisonnable. Puisque vous insistez, j'irai jusqu'à cinq francs, pour vous faire plaisir.

LUI. – Cinq francs ? Mais vous ne vous rendez pas compte ! J'ai une femme et des enfants ! Vous voulez qu'ils meurent ?

LE CLIENT. – Sans blague, vous avez des enfants ?

LUI. – Mais oui ! Des tas d'enfants !

LE CLIENT. – Je l'ignorais, toutes mes excuses. Alors, six francs.

LUI. – Soyons sérieux : quatre cent trente mille.

LE CLIENT. – Six francs.

LUI. – Quatre cent vingt mille.

LE CLIENT. – Six.

LUI. – Allons, puisque je vois que vous voulez ma mort, tant pis. Quatre cent mille, c'est mon dernier prix.

LE CLIENT. – Six francs, pas un centime de plus.

LUI. – Alors, si c'est comme ça…

Il fait mine[1] d'emmener sa femme.

LE CLIENT. – Eh là ! Où allez-vous ?

LUI. – Je vais tuer mon bourricot ! J'en ferai des saucisses !

LE CLIENT. – Vous tenez donc à m'écorcher ? C'est bon, pour vous rendre service, j'irai jusqu'à sept francs… Sept francs cinquante !

LUI. – Sept francs cinquante ! Le prix d'un café-crème ! Vous n'iriez même pas jusqu'à dix !

LE CLIENT. – Bon, eh bien dix, tenez ! Si c'est pas malheureux !

LUI. – Vous avez dit dix ?

1. Il fait semblant.

LE CLIENT. – Dix francs, oui, je l'ai dit !

LUI. – Une fois, deux fois, trois fois ?

ELLE. – Ah ! mais non, par exemple ! Moi, je ne suis pas d'accord !

LUI. – Non, mais de quoi tu te mêles ?

ELLE. – Je vaux beaucoup plus que ça !

LE CLIENT. – Ah, ben ça, par exemple !

LUI. – Là ! Vous voyez ? C'est le bourricot lui-même qui le dit ! *(À elle.)* Combien que tu vaux, alors ?

ELLE. – Je vaux bien cinquante francs !

LUI. – Brave bête ! *(Au client.)* – Vous l'avez entendu ? Alors, c'est cinquante francs !

LE CLIENT. – Bon, ça va, j'ai compris ! Si vous vous mettez à deux contre moi… *(Il fouille dans son portefeuille.)* Tenez !

LUI. – Qu'est-ce que c'est que ça ?

LE CLIENT. – C'est un billet de cinquante francs.

LUI. – Est-ce qu'il est bon, au moins ?

LE CLIENT. – Ben, je l'espère. Vous préférez celui-ci ?

Il sort un autre billet.

LUI. – Faites voir…

LE CLIENT. – Eh non ! Pas les deux à la fois ! Rendez-moi l'autre d'abord !

LUI. – Pourquoi ? Vous n'avez pas confiance ?

LE CLIENT. – Et pourquoi voulez-vous que j'aie confiance ?

Elle arrache aux deux hommes les deux billets de cinquante francs et s'enfuit avec.

LUI. – Hé là ! Où c'est que tu vas comme ça ?

Il veut la poursuivre.

LE CLIENT, *le retenant.* – Eh bien ? Où allez-vous ?

LUI. – Ben quoi, vous ne voyez pas ? Ma femme !

LE CLIENT. – Votre quoi ?

LUI. – Enfin je veux dire le bourricot ! Il est parti avec notre argent !

LE CLIENT. – Il est parti, je le vois bien, mais avec mon argent, pas avec le vôtre !

LUI. – Eh bien, ça revient au même ! Faut le courser !

LE CLIENT. – Ce n'est pas nécessaire.

LUI. – Comment ça, ce n'est pas nécessaire ?

LE CLIENT. – Passez-moi votre canne, je vous prie…

LUI, *donnant son bâton.* – Pour quoi faire ?

Autre lecture

LE CLIENT, *prenant le bâton.* – Merci… Et maintenant, le bourricot, c'est vous !

LUI. – Hein ? Quoi ? Qu'est-ce que vous dites ?

LE CLIENT. – Je vous ai payé cent francs, je reconnais que c'est un peu cher, mais enfin je vous ai. Alors maintenant, je vous garde. Hue, bourricot, hue !

LUI. – Mais qu'est-ce que vous me racontez là ? Je ne suis pas un bourricot, moi !

LE CLIENT. – Mais si, mais si !

LUI. – Mais non ! Vous voyez bien que je parle !

LE CLIENT. – C'est que vous êtes un bourricot savant.

LUI. – Mais j'ai de toutes petites oreilles !

LE CLIENT. – Les souris vous les ont mangées.

LUI. – Et puis je n'ai pas de sabots !

LE CLIENT. – Mais si, vous en avez ! Et ça, qu'est-ce que c'est ?

LUI. – C'est pas des sabots de bête, ça, c'est des sabots de gens !

LE CLIENT. – Peu importe, ce sont des sabots.

LUI. – Et puis quoi, j'ai des mains !

LE CLIENT. – C'est la race…

LUI. – Je marche sur mes deux jambes…

LE CLIENT. – Tant mieux. Vous pousserez la brouette.

LUI. – Mais enfin, quoi, c'est de la folie ! Depuis une demi-heure que je vous parle et que vous me répondez, nous nous comprenons parfaitement !

LE CLIENT. – Comme ça, au moins, vous ne pourrez pas faire semblant d'ignorer mes ordres… Allez, hue !

LUI. – Et si je ne veux pas ?

LE CLIENT. – Tu ne veux pas ?

LUI. – Non, je ne veux pas !

LE CLIENT. – Répète-le…

LUI. – Non, je ne veux pas !

LE CLIENT. – Ah ! tu fais ta mauvaise tête ! Tu te figures que je t'ai payé cent francs pour te laisser faire tes caprices ? Eh bien, nous allons voir. Tiens ! Tiens ! *(Il le bat.)*

LUI. – Aïe, aïe, monsieur ! Ne tapez pas si fort !

LE CLIENT. – Alors, qui est le maître, ici ?

LUI. – C'est vous, monsieur, c'est vous.

LE CLIENT. – Et qui est le bourricot ?

LUI. – C'est moi, monsieur.

Autre lecture

LE CLIENT. – Et quand je te dis hue, tu avances ?

LUI. – J'avance, oui, monsieur.

LE CLIENT. – Alors, hue !

LUI. – Tout de suite, monsieur.

LE CLIENT. – Plus vite que ça !

LUI. – Oui, oui, monsieur. Ne tapez pas, monsieur, je fais ce que je peux !

LE CLIENT. – Hue, bourricot, hue !

Ils sortent.

Les mots du théâtre

Acte : division de l'œuvre. Autrefois, sa durée correspondait au temps qu'il fallait aux chandelles pour se consumer. Il y en avait cinq ou trois par pièce à l'époque classique.

Aparté : cette expression, issue de l'italien, est employée lorsqu'un personnage adresse sa réplique à part (sans que les autres personnages l'entendent).

Comédie : la comédie est un genre de pièce dans laquelle le registre comique est prépondérant. Il s'agit pour l'auteur de provoquer le rire du spectateur grâce à des procédés diversifiés.

Comédien : personne réelle qui interprète un rôle.

Costume : habit du personnage qui indique son statut, sa position sociale.

Coup de théâtre : rebondissement ou inversion totale dans l'action.

Dénouement : résolution de l'action et du problème à la fin de la pièce.

Didascalies : indications de mise en scène : le jeu (ton, expression, gestes), le décor et les costumes. Elles apparaissent dans le texte en italique.

Lexique

Dramaturge : personne réelle qui écrit des pièces de théâtre.

Exposition : scène initiale qui présente les personnages, les lieux, le contexte, l'époque. On parle de scène d'exposition.

Metteur en scène : personne réelle qui propose une adaptation scénique de la pièce : il choisit la distribution, les décors, les costumes, guide les comédiens vers une interprétation du texte...

Monologue : longue tirade d'un personnage se parlant bien souvent à lui-même.

Répliques : propos tenus par les personnages.

Scène : lieu où se déroule la pièce. Division d'un acte.

Tirade : longue prise de parole d'un personnage, mais qui n'est pas seul en scène.

Tragédie : genre de pièce où le registre tragique est dominant. Le tragique est la peinture d'un destin auquel on ne peut échapper. Le plus souvent, la pièce vise à provoquer les larmes du spectateur mais aussi et surtout sa pitié envers les personnages qui essaient d'échapper à leur destin.

À lire

D'autres pièces en un acte de Molière

- ***Le Médecin volant***, 1645

La jeune Lucile est amoureuse du beau Valère. Mais son père veut la marier au vieux Villebrequin. Sganarelle, valet de Valère, vient au secours des amoureux. Déguisé en médecin, il se rend chez Lucile et lui demande de simuler une maladie pour qu'on l'envoie à la campagne. Sur le point d'être découvert, Sganarelle s'invente un frère jumeau !

- ***La Jalousie du barbouillé***, 1650

Le barbouillé, vieux mari jaloux, veut punir sa femme Angélique qui le fait enrager. Au retour d'un bal, la jeune femme trouve porte close. Mais, pleine d'astuce, elle parvient à renverser la situation.

Une autre comédie-ballet de Molière

- ***Le Bourgeois gentilhomme***, 1670

Fils de marchand, Monsieur Jourdain aspire à la noblesse, mais cette manie risque de détruire son bonheur familial : cet homme marié veut en effet séduire une marquise et refuse de marier sa fille au jeune homme qu'elle aime. La pièce s'achève par une étrange cérémonie turque qui flatte Monsieur Jourdain et déjoue ses projets pour le plus grand bonheur des amoureux.

Après Molière, des pièces de Gripari à lire et à jouer

- **Pierre Gripari**, ***Huit farces pour collégiens***, Grasset Jeunesse, 1989

Certaines de ces pièces constituent des adaptations de nouvelles tirées des *Contes de la rue Broca* (1967), ouvrage qui assura le succès de Gripari en tant qu'auteur pour la jeunesse.

À voir

➨ *Molière*, Ariane Mnouchkine, 1978
Ce film français est une véritable fresque de la vie de Molière, jouée par les acteurs du théâtre du Soleil. Comment un petit garçon, fils du tapissier du roi, deviendra-t-il acteur et auteur, malgré l'opposition de son père et le mépris de la société pour ce métier ? Qui ont été ses ennemis, ses amis, que dénonçait-il ? C'est ce que vous découvrirez tout au long de ce film...

➨ *Le roi danse*, Gérard Corbiau, 2000
Lully et Molière s'associent pour faire danser le jeune roi Louis XIV. Saura-t-il reconnaître leur talent ? Un roi peut-il se lier d'amitié avec un comédien et un musicien ?

➨ *Molière*, Laurent Tirard, 2007
Le jeune Molière, emprisonné pour dettes, reçoit l'aide d'un mystérieux Monsieur Jourdain. En contrepartie, il devra lui enseigner l'art de séduire une belle marquise. Contre toute attente, Molière tombe amoureux de Madame Jourdain...
Ce scénario imaginaire suppose que Molière a rencontré, dans la vie réelle, des personnes qui deviendront les personnages de ses comédies...

Table des illustrations

Couverture : *Le Sicilien*, mise en scène de J. M. Villegier avec les Arts Florissants, Comédie Française, 2005, avec Nicolas Lormeau, Elsa Lepoivre et Laurent Natrella ©Pascal Victor /ArtComPress.

p. 5 et 11 : Gravure de 1740 pour *Le Sicilien ou l'Amour peintre*, © Costa/Leemage.

p. 6 : *Molière*, Jean-Baptiste Mauzaisse, 1841, huile sur toile (65 ffi 54 cm), Musée du château de Versailles, BIS/Ph. Coll. Archives Nathan.

p. 56 : © Christophe L.

p. 65, 90 et 91 : *Le Ballet de la nuit, Louis XIV en costume d'Apollon*, 1653, BIS/Archives Nathan.

p. 71 et 89 : © Fotolia/Éric Isselée.

p. 72 : Pierre Gripari, © rue des Archives.

p. I et 25 : Bibliothèque de la Comédie-Française, Paris, BIS/Ph. Luc Joubert/Coll. Archives Larbor.

p. II et 25 : BIS/Ph. Sergio Rossi. Archives Larbor.

p. III et 48 : © Laurencine Lot.

p. IV et 61 : © Christophe L.

Conception graphique : Julie Lannes
Design de couverture : Denis Hoch
Illustrations : Buster Bone (p. 10)
Recherche iconographique : Véronique Brown
Mise en page : ScienTech Livre
Correction : Sylvie Porté
Édition : Valérie Antoni
Fabrication : Marine Garguy

FSC
www.fsc.org
MIXTE
Papier issu de sources responsables
FSC® C022030

N° édition : 10245007 - Dépôt légal : juillet 2018
Imprimé en France en juillet 2018 par la Nouvelle Imprimerie Laballery - N° 806008

La Nouvelle Imprimerie Laballery est titulaire de la marque Imprim'Vert®

COLLÈGE

73. **Balzac**, *Adieu*
65. **Bédier**, *Tristan et Iseut*
74. **Chrétien de Troyes**, *Yvain, le Chevalier au lion*
51. **Courteline**, *Le gendarme est sans pitié*
38. **Dumas**, *Les Frères corses*
71. **Feydeau**, *Un fil à la patte*
67. **Gautier**, *La Morte amoureuse*
1. **Homère**, *L'Odyssée*
29. **Hugo**, *Le Dernier Jour d'un condamné*
2. **La Fontaine**, *Le Loup dans les Fables*
3. **Leprince de Beaumont**, *La Belle et la Bête*
10. **Maupassant**, *Boule de suif*
26. **Maupassant**, *La Folie dans les nouvelles fantastiques*
43. **Maupassant**, *Quatre nouvelles normandes* (anthologie)
62. **Mérimée**, *Carmen*
11. **Mérimée**, *La Vénus d'Ille*
68. **Molière**, *George Dandin*
7. **Molière**, *L'Avare*
76. **Molière**, *L'École des femmes*
23. **Molière**, *Le Bourgeois gentilhomme*
58. **Molière**, *Le Malade imaginaire*
70. **Molière**, *Le Médecin malgré lui*
52. **Molière**, *Le Sicilien*
36. **Molière**, *Les Fourberies de Scapin*
6. **Nicodème**, *Wiggins et le perroquet muet*
21. **Noguès**, *Le Faucon déniché*
59. **Perrault**, *Trois contes* (anthologie)
8. **Pouchkine**, *La Dame de pique*
39. **Rostand**, *Cyrano de Bergerac*
24. **Simenon**, *L'Affaire Saint-Fiacre*
9. **Stevenson**, *Le Cas étrange du Dr Jekyll et de M. Hyde*
54. **Tolstoï**, *Enfance*
61. **Verne**, *Un hivernage dans les glaces*
25. **Voltaire**, *Le Monde comme il va*
53. **Zola**, *Nantas*
42. **Zweig**, *Le Joueur d'échecs*
4. *La Farce du cuvier* (anonyme)
37. *Le Roman de Renart* (anonyme)
5. *Quatre fabliaux du Moyen Âge* (anthologie)
41. *Les Textes fondateurs* (anthologie)
22. *Trois contes sur la curiosité* (anthologie)
44. *Quatre contes de sorcières* (anthologie)
27. *Quatre nouvelles réalistes sur l'argent* (anthologie)
64. *Ali Baba et les quarante voleurs*

LYCÉE

33. **Balzac**, *Gobseck*
60. **Balzac**, *L'Auberge rouge*
47. **Balzac**, *La Duchesse de Langeais*
18. **Balzac**, *Le Chef-d'œuvre inconnu*
72. **Balzac**, *Pierre Grassou*
32. **Beaumarchais**, *Le Mariage de Figaro*
20. **Corneille**, *Le Cid*
78. **Corneille**, *Médée*
56. **Flaubert**, *Un cœur simple*
77. **Hugo**, *Les Contemplations : Pauca Meae*
49. **Hugo**, *Ruy Blas*
57. **Marivaux**, *Les Acteurs de bonne foi*
48. **Marivaux**, *L'Île des esclaves*
19. **Maupassant**, *La Maison Tellier*
69. **Maupassant**, *Une Partie de campagne*
55. **Molière**, *Amphitryon*
15. **Molière**, *Dom Juan*
79. **Molière**, *Le Misanthrope*
35. **Molière**, *Le Tartuffe*
63. **Musset**, *Les Caprices de Marianne*
14. **Musset**, *On ne badine pas avec l'amour*
46. **Racine**, *Andromaque*
66. **Racine**, *Britannicus*
30. **Racine**, *Phèdre*
13. **Rimbaud**, *Illuminations*
50. **Verlaine**, *Fêtes galantes, Romances sans paroles*
45. **Voltaire**, *Candide*
17. **Voltaire**, *Micromégas*
31. *L'Encyclopédie* (anthologie)
75. *L'Homme en débat au XVIIIe siècle* (anthologie)